Utilize este código QR para se cadastrar de forma mais rápida:

Ou, se preferir, entre em:
www.moderna.com.br/ac/livroportal
e siga as instruções para ter acesso aos conteúdos exclusivos do
Portal e Livro Digital

CÓDIGO DE ACESSO:
A 00519 BUPCIEN1E 4 50096

Faça apenas um cadastro. Ele será válido para:

Da semente ao livro,
sustentabilidade por todo o caminho

Plantar florestas
A madeira que serve de matéria-prima para nosso papel vem de plantio renovável, ou seja, não é fruto de desmatamento. Essa prática gera milhares de empregos para agricultores e ajuda a recuperar áreas ambientais degradadas.

Fabricar papel e imprimir livros
Toda a cadeia produtiva do papel, desde a produção de celulose até a encadernação do livro, é certificada, cumprindo padrões internacionais de processamento sustentável e boas práticas ambientais.

Criar conteúdos
Os profissionais envolvidos na elaboração de nossas soluções educacionais buscam uma educação para a vida pautada por curadoria editorial, diversidade de olhares e responsabilidade socioambiental.

Construir projetos de vida
Oferecer uma solução educacional Moderna é um ato de comprometimento com o futuro das novas gerações, possibilitando uma relação de parceria entre escolas e famílias na missão de educar!

Apoio:

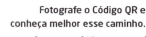

Fotografe o Código QR e conheça melhor esse caminho.
Saiba mais em *moderna.com.br/sustentavel*

Organizadora: Editora Moderna
Obra coletiva concebida, desenvolvida e produzida pela Editora Moderna.

Editora Executiva:
Maíra Rosa Carnevalle

NOME: ....

....TURMA: ....

ESCOLA: ....

....

1ª edição

© Editora Moderna, 2018

Elaboração dos originais

Ana Carolina de Almeida Yamamoto
Bacharel e licenciada em Ciências Biológicas pela Universidade de São Paulo. Bacharel em Comunicação Social pela Universidade Anhembi Morumbi. Editora.

Maiara Oliveira Soares
Licenciada em Ciências da Natureza pela Universidade de São Paulo. Especialista em Tecnologias na Aprendizagem pelo Centro Universitário Senac. Editora.

Natalia Leporo
Licenciada em Ciências da Natureza pela Universidade de São Paulo. Mestra em Ciências, programa: Ensino de Ciências, pela Universidade de São Paulo. Editora.

Camila Rufino
Licenciada em Física pela Universidade de São Paulo. Editora.

Juliana Bardi
Bacharel e licenciada em Ciências Biológicas pela Unesp. Doutora em Ciências pela Universidade de São Paulo. Editora.

Laís Alves Silva
Bacharel em Ciências Biológicas pela Universidade São Judas Tadeu. Licenciada em Ciências Biológicas pela Universidade Católica de Brasília. Editora.

Maissa Salah Bakri
Bacharel em Ciências Biológicas pela Universidade de São Paulo. Mestre em Ciências pela Universidade de São Paulo. Editora

Michelle Beralde
Bacharel em Ciências Biológicas pela Universidade de São Paulo. Editora.

Thiago Macedo de Abreu Hortêncio
Bacharel em Ciências Biológicas pela Universidade de São Paulo. Editor.

Jogo de apresentação das *7 atitudes para a vida*
Gustavo Barreto
Bacharel em Direito pela Pontifícia Universidade Católica (SP). Pós-graduado em Direito Civil pela mesma instituição. Autor dos jogos de tabuleiro (*boardgames*) para o público infantojuvenil: Aero, Tinco, Dark City e Curupaco.

Coordenação editorial: Ana Carolina de Almeida Yamamoto, Marisa Martins Sanchez
Edição de texto: Ana Carolina de Almeida Yamamoto, Maiara Oliveira Soares, Natalia Leporo
Gerência de *design* e produção gráfica: Everson de Paula
Coordenação de produção: Patricia Costa
Suporte administrativo editorial: Maria de Lourdes Rodrigues
Coordenação de *design* e projetos visuais: Marta Cerqueira Leite
Projeto gráfico: Daniel Messias, Daniela Sato, Mariza de Souza Porto
Capa: Daniel Messias, Otávio dos Santos, Mariza de Souza Porto, Cristiane Calegaro
    Ilustração: Raul Aguiar
Coordenação de arte: Wilson Gazzoni Agostinho
Edição de arte: Andréia Crema
Editoração eletrônica: Casa Crema
Ilustrações de vinhetas: Adilson Secco
Coordenação de revisão: Elaine Cristina del Nero
Revisão: Ana Paula Felippe, Kiel Pimenta, Renato Bacci, Renato da Rocha Carlos
Coordenação de pesquisa iconográfica: Luciano Baneza Gabarron
Pesquisa iconográfica: Marcia Mendonça, Renata Martins
Coordenação de *bureau*: Rubens M. Rodrigues
Tratamento de imagens: Fernando Bertolo, Joel Aparecido, Luiz Carlos Costa, Marina M. Buzzinaro
Pré-impressão: Alexandre Petreca, Everton L. de Oliveira, Marcio H. Kamoto, Vitória Sousa
Coordenação de produção industrial: Wendell Monteiro
Impressão e acabamento: HRosa Gráfica e Editora
Lote: 768545
Cod: 12112912

Dados Internacionais de Catalogação na Publicação (CIP)
(Câmara Brasileira do Livro, SP, Brasil)

Buriti Plus Ciências / organizadora Editora Moderna ; obra coletiva concebida, desenvolvida e produzida pela Editora Moderna. — 1. ed. — São Paulo : Moderna, 2018. (Projeto Buriti) Obra em 4 v. para alunos do 2º ao 5º ano 1. Ciências (Ensino fundamental) I.	
18-17015	CDD-372.35

Índices para catálogo sistemático:
1. Ciências : Ensino fundamental   372.35

Maria Alice Ferreira - Bibliotecária - CRB-8/7964

ISBN 978-85-16-11291-2 (LA)
ISBN 978-85-16-11292-9 (GR)

Reprodução proibida. Art. 184 do Código Penal e Lei 9.610 de 19 de fevereiro de 1998.
Todos os direitos reservados
EDITORA MODERNA LTDA.
Rua Padre Adelino, 758 - Belenzinho
São Paulo - SP - Brasil - CEP 03303-904
Vendas e Atendimento: Tel. (0_ _11) 2602-5510
Fax (0_ _11) 2790-1501
www.moderna.com.br
2022
Impresso no Brasil

1 3 5 7 9 10 8 6 4 2

Que tal começar o ano conhecendo seu livro?

Veja nas páginas 6 e 7 como ele está organizado.
Nas páginas 8 e 9, você fica sabendo os assuntos que vai estudar.

Neste ano, também vai **conhecer** e colocar em **ação** algumas **atitudes** que ajudarão você a **conviver** melhor com as pessoas e a **solucionar problemas**.

7 atitudes para a vida

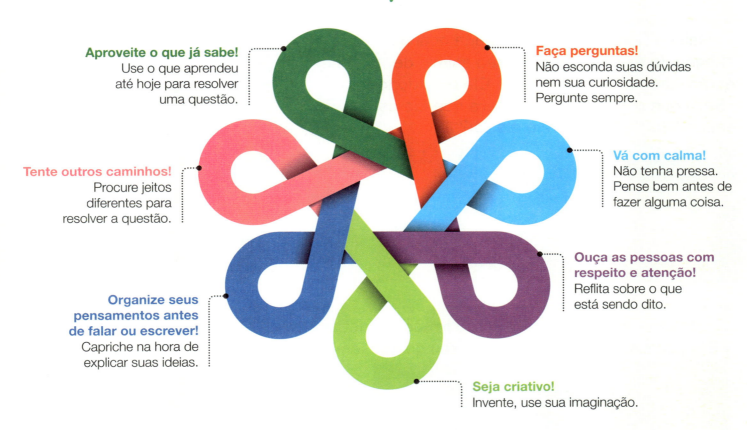

Aproveite o que já sabe!
Use o que aprendeu até hoje para resolver uma questão.

Faça perguntas!
Não esconda suas dúvidas nem sua curiosidade. Pergunte sempre.

Tente outros caminhos!
Procure jeitos diferentes para resolver a questão.

Vá com calma!
Não tenha pressa. Pense bem antes de fazer alguma coisa.

Organize seus pensamentos antes de falar ou escrever!
Capriche na hora de explicar suas ideias.

Ouça as pessoas com respeito e atenção!
Reflita sobre o que está sendo dito.

Seja criativo!
Invente, use sua imaginação.

Nas páginas 4 e 5, há um jogo para você começar a praticar cada uma dessas atitudes. Divirta-se!

Onde está o gato?

Todos os dias o gato de Helena esperava sua dona em cima do tapete da sala. Mas naquele dia algo de errado aconteceu, e o gato não estava no lugar de costume. Helena chamou-o e nada de ele aparecer!

Vamos ajudar Helena a encontrar seu gato mostrando a melhor atitude em cada situação?

Atitudes
1. Faça perguntas!
2. Ouça as pessoas com respeito e atenção!
3. Vá com calma!
4. Seja criativo!
5. Tente outros caminhos!
6. Aproveite o que já sabe!
7. Organize seus pensamentos antes de falar ou escrever!

Indique em cada situação o número correspondente à melhor atitude.

Helena ficou muito preocupada quando chegou da escola e não viu seu animal de estimação no tapete da sala. Ela questionou: "Será que o gato fugiu?", "Será que ele está escondido?", "Para onde ele foi?".

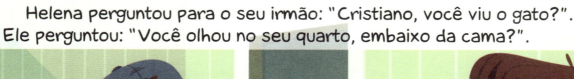

Helena perguntou para o seu irmão: "Cristiano, você viu o gato?". Ele perguntou: "Você olhou no seu quarto, embaixo da cama?".

O irmão de Helena contou que viu o animal de manhã na lavanderia. Ele também disse que ela não precisava se desesperar...

Calma, ele vai voltar!

Helena tomou um copo de água e respirou fundo.

Ela resolveu procurar no cesto de roupas, onde ele adorava se esconder.

Outro lugar em que o gato adorava ficar era no quarto, no meio dos cobertores. Helena se lembrou disso e foi conferir. Ela estava tirando os cobertores, quando ouviu um miado...

Helena encontrou seu gato! Faça a dobradura e encontre-o também! Pegue uma folha quadrada e siga as instruções abaixo. Use a sua criatividade para fazer os olhos, a boca e o nariz do animal!

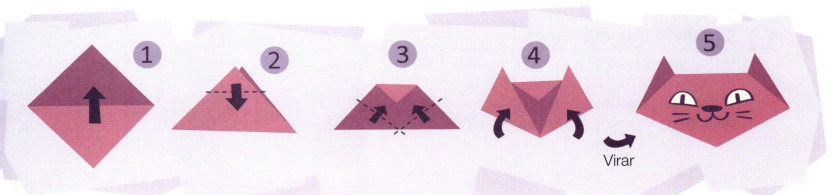

Virar

Conheça seu livro

Seu livro está dividido em 4 unidades.
Veja o que você vai encontrar nele.

Abertura da unidade

Nas páginas de abertura, você vai explorar imagens e perceber que já sabe muitas coisas.

Investigar o assunto

Nas páginas dessa seção, você vai usar diferentes estratégias para investigar o assunto da unidade. Também vai dizer o que pensa e fazer novas descobertas.

As palavras que talvez você não conheça são explicadas neste boxe verde.

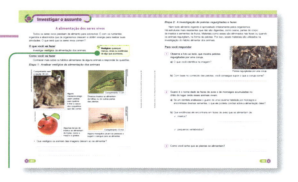

Capítulo

Você aprenderá muitas coisas novas estudando os capítulos e resolvendo as atividades!

Álbum de Ciências

No *Álbum de Ciências*, você vai conhecer imagens e curiosidades relacionadas ao capítulo.

O mundo que queremos

Nessas páginas, você vai ler, refletir e realizar atividades com foco na preservação do meio ambiente, no respeito às pessoas e às diferentes culturas e no cuidado com a saúde.

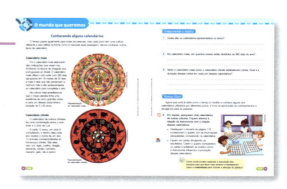

Para ler e escrever melhor

Nessas páginas, você vai ler um texto e perceber como ele está organizado. Depois, vai escrever um texto com a mesma organização.

O que você aprendeu

Mais atividades para você rever o que estudou, utilizar as palavras que acabou de conhecer e aplicar o que aprendeu em outras situações.

Suplemento de atividades práticas

No final do livro, você vai encontrar um suplemento com atividades práticas. São propostas de experimentos, pesquisas, construção de modelos, uso e construção de diferentes instrumentos.

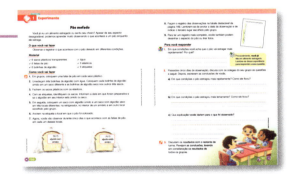

Ícones utilizados

Indicam como realizar algumas atividades:

Atividade oral	Atividade em dupla	Atividade em grupo	Atividade no caderno	Desenho ou pintura

Indica as 7 atitudes para a vida:

Indica os objetos digitais:

Sumário

UNIDADE 1 — A vida que a gente não vê 10

Investigar o assunto: *O menor de todos* 12

Capítulo 1. A invenção do microscópio 14
- Álbum de Ciências: *Microscópio óptico* 15

Capítulo 2. As células 18
- Álbum de Ciências: *Modelo de célula animal* 21

Capítulo 3. Os vírus e as bactérias 22

Capítulo 4. Os fungos e os protozoários 28
- Para ler e escrever melhor: *O maior ser vivo do mundo* 30

Capítulo 5. Os microrganismos e a saúde 34

Capítulo 6. Tecnologia e saúde 40
- O mundo que queremos: *Calendário de vacinação* 46
- O que você aprendeu 48

UNIDADE 2 — Seres vivos e ecossistemas 52

Investigar o assunto: *A alimentação dos seres vivos* 54

Capítulo 1. Os animais se alimentam 56
- Álbum de Ciências: *A mariposa-esfinge-de-morgan* 59

Capítulo 2. As plantas produzem seu próprio alimento 60
- Álbum de Ciências: *Plantas carnívoras* 62

Capítulo 3. Os ecossistemas 66
- Para ler e escrever melhor: *Animais marinhos em diferentes ecossistemas* 70

Capítulo 4. A decomposição 72
- O mundo que queremos: *A importância das algas* 76

Capítulo 5. Outras relações entre os seres vivos 78
- O que você aprendeu 82

UNIDADE 3 — A matéria e suas transformações — 86

Investigar o assunto: *Tudo junto vira pão* 88

Capítulo 1. Reconhecer a matéria 90

Capítulo 2. Transformações físicas da matéria 94

- Álbum de Ciências: *Derretimento do gelo nos polos* 99

Capítulo 3. Misturas 100

- Para ler e escrever melhor: *Destilação do petróleo* 106

Capítulo 4. Transformações químicas da matéria 108

- O mundo que queremos: *Reciclagem de materiais* 112
- O que você aprendeu 114

UNIDADE 4 — Aprender com o céu — 120

Investigar o assunto: *Amanhecer e entardecer* 122

Capítulo 1. As informações que estão no céu 124

- Para ler e escrever melhor: *O astrônomo* 126

Capítulo 2. Os astros e a passagem do tempo 128

- Álbum de Ciências: *As estações do ano no Brasil* 133

Capítulo 3. Os calendários 134

- O mundo que queremos: *Conhecendo alguns calendários* 136

Capítulo 4. Orientação no espaço 138

- Álbum de Ciências: *Rosa dos ventos* 140
- O que você aprendeu 144

Suplemento de atividades práticas — 148

Encartes 169

ILUSTRAÇÕES: ARTUR FUJITA

UNIDADE 1
A vida que a gente não vê

Lava uma mão, lava outra

Uma
Lava outra, lava uma
Lava outra, lava uma mão
Lava outra mão, lava uma mão
Lava outra mão
Lava uma

Depois de brincar no chão
de areia a tarde inteira
Antes de comer, beber, lamber,
pegar na mamadeira
Lava uma (mão), lava outra (mão)
Lava uma, lava outra (mão)
Lava uma

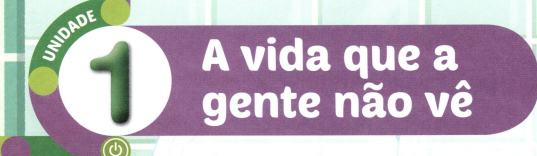

A doença vai embora
junto com a sujeira
Verme, bactéria, mando
embora embaixo da torneira
Água uma, água outra
Água uma (mão), água outra
Água uma

[...]

Arnaldo Antunes. Lavar as mãos (Mão), do álbum *Castelo Rá-Tim-Bum*. São Paulo: Velas, 1995.

Vamos conversar

1. O que as crianças mostradas na imagem estão fazendo?
2. Identifique na canção versos que falam sobre:
   - Quando devemos lavar as mãos.
   - O que acontece quando lavamos as mãos.
3. Lavar as mãos é importante? Por quê?
4. Há seres vivos na sujeira das mãos? Quais?

Investigar o assunto

O menor de todos

Há uma diversidade enorme de seres vivos. Você já parou para se perguntar qual é o menor de todos eles? Será que é possível vê-lo?

Os elementos da imagem não estão na mesma proporção. Cores-fantasia.

O que você vai fazer

Investigar o que as pessoas sabem sobre os menores seres vivos que habitam o planeta.

Como você vai fazer

1. Pergunte a colegas, parentes, vizinhos e conhecidos se eles sabem quais são os menores seres vivos do planeta. Pergunte também como são esses seres vivos.

2. Registre as respostas em um bloco de anotações.

3. Na sala de aula, o professor vai montar uma tabela como a do modelo ao lado. Ela será usada para organizar os dados obtidos por toda a turma.

4. Cada aluno vai dizer o que descobriu em suas pesquisas.

5. Observe os resultados e discuta-os com os colegas.

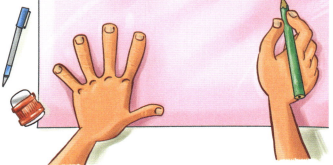

Nome do ser vivo	Nº de pessoas	Total
1. Formiga	I I I	3
2. Pulga	I I	2
3. Ácaro	I	1
4. Bolor	I I I	3

12

Para você responder

1) Qual ser vivo foi mencionado o maior número de vezes em todas as entrevistas?

_____

2) As respostas das pessoas foram semelhantes ou muito diferentes?

_____

3) Quais seres vivos citados na entrevista você já viu?

_____
_____

4) Quais seres vivos citados você conseguiria ver sem o auxílio de instrumentos?

_____

5) Leia o texto, observe a imagem e depois responda.

> O musaranho-pigmeu é o menor mamífero (em massa) do mundo. Ele pesa menos que uma moeda de 50 centavos: 2 gramas. Um adulto mede cerca de 5 centímetros. A fêmea tem de 2 a 5 filhotes por cria e cada um deles pesa aproximadamente 0,2 grama.

a) Por que você acha que é difícil as pessoas conhecerem os menores seres vivos do planeta?

_____
_____

b) Faça um X no instrumento que você indicaria para que as pessoas observassem em detalhes o musaranho-pigmeu.

☐ Luneta   ☐ Lupa   ☐ Microscópio

• Explique sua resposta.

_____
_____
_____

13

CAPÍTULO 1. A invenção do microscópio

Microscópios são instrumentos utilizados para ampliar imagens de estruturas muito pequenas, como microrganismos, partículas de solo, estruturas de organismos e materiais.

A invenção desse instrumento foi muito importante para o desenvolvimento da Ciência, pois permitiu conhecer, observar e mesmo manipular seres e estruturas desconhecidas. Por exemplo, através de estudos feitos por meio do microscópio, foi possível conhecer alguns microrganismos causadores de doenças, permitindo estudos de seu modo de ação e possibilitando ações de prevenção e combate às doenças.

Esse instrumento está presente em escolas, indústrias, laboratórios de pesquisa de Ciências, Engenharia, Medicina, entre outros.

O microscópio óptico

Você já deve ter visto lentes em muitos objetos, como em óculos e lupas. As **lentes** são objetos feitos de materiais transparentes, que ampliam ou distorcem imagens de um corpo quando olhamos através delas.

O ser humano conhece o funcionamento das lentes há mais de dois mil anos. Somente a partir da década de 1660, as pessoas passaram a produzir lentes de aumento com melhor qualidade e a combinar algumas lentes para conseguir ampliações ainda maiores. Com base nesse conhecimento, foram criados os primeiros microscópios ópticos. Eles utilizam a luz visível e um sistema de lentes para ampliar as imagens.

A lente da lupa produz uma imagem ampliada dos objetos.

1. É correto dizer que as lentes aumentam os objetos? Justifique.

_____
_____
_____

14

Álbum de Ciências — Microscópio óptico

O modelo de microscópio óptico apresentado a seguir é um dos mais simples que existem atualmente. Com ele é possível observar muitas coisas interessantes. Veja abaixo as partes que o constituem.

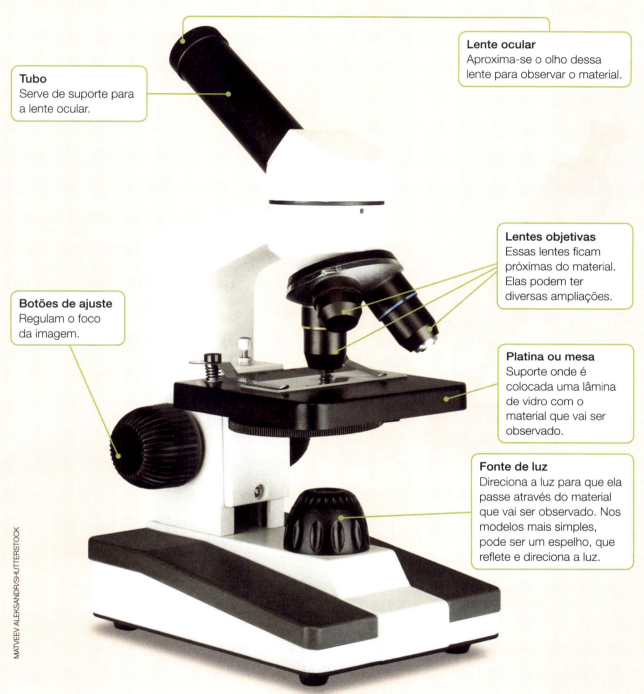

Tubo
Serve de suporte para a lente ocular.

Lente ocular
Aproxima-se o olho dessa lente para observar o material.

Lentes objetivas
Essas lentes ficam próximas do material. Elas podem ter diversas ampliações.

Botões de ajuste
Regulam o foco da imagem.

Platina ou mesa
Suporte onde é colocada uma lâmina de vidro com o material que vai ser observado.

Fonte de luz
Direciona a luz para que ela passe através do material que vai ser observado. Nos modelos mais simples, pode ser um espelho, que reflete e direciona a luz.

- Em sua opinião, quais partes do microscópio apresentado na imagem devem estar presentes em todos os microscópios ópticos?

_____

_____

15

A descoberta do mundo microscópico

Após a invenção dos microscópios, os pesquisadores começaram a observar o universo das coisas minúsculas. Antes disso, as pessoas propunham diversas hipóteses a respeito da composição dos seres vivos e do que provocava algumas doenças, mas não tinham instrumentos para investigar essas questões.

O pesquisador inglês **Robert Hooke** fabricou microscópios ópticos e fez várias descobertas acerca dos microrganismos. Ele construiu microscópios com duas e com três lentes, na tentativa de aperfeiçoar esse instrumento.

Microscópio de duas lentes desenvolvido por Robert Hooke no século XVII. A lente ocular fica no topo do microscópio: é por onde o pesquisador irá observar a amostra; na outra extremidade, há uma lente objetiva perto da amostra a ser analisada. O sistema de iluminação utilizava um globo de vidro cheio de líquido para projetar a luz da chama de uma lamparina na amostra.

Robert Hooke publicou, em janeiro de 1665, um livro com as ilustrações que fez com base em suas observações utilizando o microscópio óptico. No prefácio desse livro, ele descreveu um pouco de como realizou esse trabalho.

> Eu fiz algumas observações, na maior parte das quais fiz uso de microscópios, [...] para promover o uso de equipamentos mecânicos que ampliam os nossos sentidos, tanto para estudar o mundo visível quanto para descobrir muitos outros mundos até então desconhecidos.
>
> Traduzido de *Micrographia*, de Robert Hooke. Londres: Sociedade Real de Ciências de Londres, 1665.

Mofo se desenvolvendo em uma amostra em decomposição.

2 O desenvolvimento do microscópio foi importante para o estudo da vida? Por quê?

Um cientista holandês chamado **Antonie van Leeuwenhoek** construiu seus próprios microscópios e descobriu muitos seres minúsculos diferentes. Ele os chamou de animálculos, o que significa "animais muito pequenos".

Representação de Leeuwenhoek fazendo observações em seu microscópio. Note que ele direciona o microscópio para a fonte de luz.

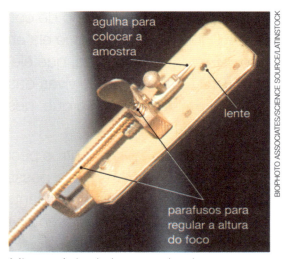

Microscópio de Leeuwenhoek desenvolvido no século XVII.

Desde então, esses equipamentos foram aperfeiçoados cada vez mais e hoje é possível visualizar muitos detalhes das estruturas dos seres vivos. Atualmente existem diferentes tipos de microscópio. Os microscópios eletrônicos, como o que produziu a imagem ao lado, estão entre os mais potentes.

Enquanto os microscópios ópticos produzem imagens com ampliações de até 400 vezes o tamanho original, os microscópios eletrônicos produzem imagens com ampliações de até 2 milhões de vezes.

A imagem ao lado, produzida por um microscópio eletrônico, mostra detalhes da estrutura da cabeça e dos olhos de uma mosca com ampliação de 70 vezes. Imagem colorida artificialmente.

Comprimento: 1 cm.

3 Os microscópios foram modificados ao longo do tempo. Em sua opinião, por que os pesquisadores buscam aprimorar esse instrumento?

_____
_____

As células

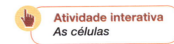

Ao observar um pedaço de cortiça ao microscópio óptico, Robert Hooke percebeu que ela era formada por inúmeras pequenas câmaras vazias, que ele chamou de **células**. Ele observou também partes vivas das plantas e verificou a presença das mesmas câmaras, só que, nesse caso, preenchidas por um material gelatinoso.

Cortiça: material que forma a casca de algumas árvores.

Ao longo do tempo, outros pesquisadores perceberam o potencial do microscópio e passaram a utilizá-lo para observar partes de animais e plantas. Eles também viram que as células estavam presentes em todos os seres vivos que examinaram.

Depois de anos de muitos estudos, os pesquisadores chegaram à conclusão de que todos os seres vivos são formados por células.

Reprodução colorizada digitalmente de desenhos feitos por Hooke em 1665. Acima, ilustração das células da cortiça; abaixo, ramo da planta.

1 Observe a imagem. Ela representa um corte de folha, observado através de um microscópio óptico moderno. Foram usados corantes para tingir o interior da folha.

Corte de folha visto no microscópio óptico. Aumento de 45 vezes. Cores artificiais.

a) Quais são as semelhanças entre a foto do corte de folha e a ilustração que representa a cortiça elaborada por Hooke?

_____

_____

b) O que são essas "bolinhas" que formam a folha, quando vista ao microscópio?

_____

Os seres vivos são formados por células

Apesar de haver grande diversidade aparente de seres vivos, todos são compostos de uma mesma unidade funcional: a célula. De maneira geral, uma célula:

- é uma pequena estrutura envolvida por uma membrana, preenchida por um líquido viscoso;
- é capaz de produzir ou obter a energia e desempenhar as atividades necessárias para a sua sobrevivência;
- se reproduz.

Os seres vivos **unicelulares**, como as bactérias, são constituídos de uma única célula, que desempenha todas as funções do organismo. Os seres vivos **pluricelulares** são formados por mais de uma célula. Uma avenca, por exemplo, é formada por milhões de células, organizadas para formar estruturas diferentes, como a folha, o caule e a raiz.

A levedura, encontrada no fermento biológico, é um organismo unicelular.

O porco é um organismo pluricelular.

A avenca é um organismo pluricelular.

Tanto os seres unicelulares quanto os pluricelulares precisam de alimento, que transformam em energia para manter suas atividades, produzem e eliminam resíduos e apresentam ciclo de vida, ou seja, nascem, crescem, se desenvolvem, podem se reproduzir e, após algum tempo, morrem. As novas células são originadas de outra célula.

2 Por que podemos dizer que um ser unicelular é um ser vivo?

_____
_____
_____
_____

Composição do organismo

Em grande parte dos organismos pluricelulares, as células estão organizadas em estruturas diferentes, que garantem o funcionamento do organismo como um todo.

As células podem apresentar diferentes formas, tamanhos e funções. Ao se agruparem, o conjunto de células que desempenham a mesma função forma um **tecido**.

Tecidos diferentes, com funções específicas, mas que atuam juntos, formam um **órgão**.

Os órgãos, funcionando de forma coordenada, compõem os **sistemas**, que formam um **organismo**, como são o tuiuiú, o cachorro, o sapo e a barata.

Com a integração entre os sistemas, o organismo pode interagir com o meio externo, se alimentar, se reproduzir e realizar outras funções vitais.

Vitais: que tornam possível a manutenção da vida.

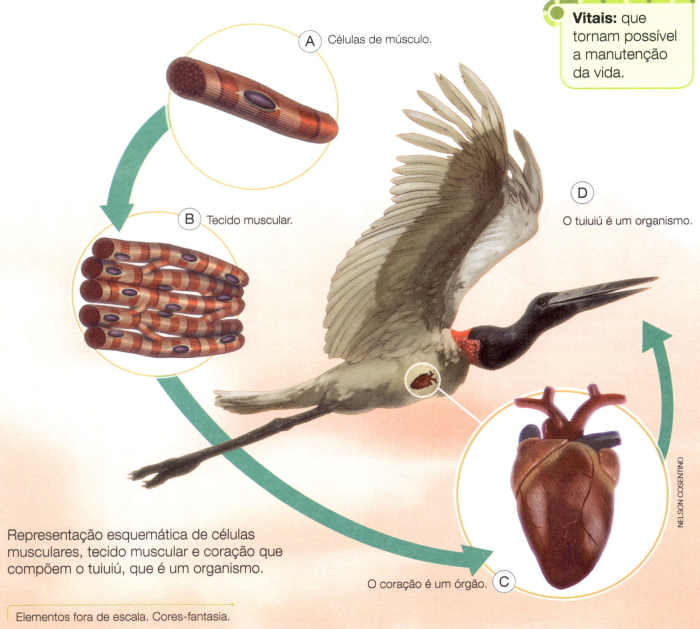

A – Células de músculo.
B – Tecido muscular.
C – O coração é um órgão.
D – O tuiuiú é um organismo.

Representação esquemática de células musculares, tecido muscular e coração que compõem o tuiuiú, que é um organismo.

Elementos fora de escala. Cores-fantasia.

Álbum de Ciências | Modelo de célula animal

Um modelo científico é uma representação simplificada de uma estrutura ou teoria mais complexa. A seguir, vamos apresentar um modelo de célula animal.

Nem todas as células possuem as mesmas estruturas, mas, apesar dessas diferenças, a maioria das células é composta por **membrana celular**, **citoplasma** e **núcleo**.

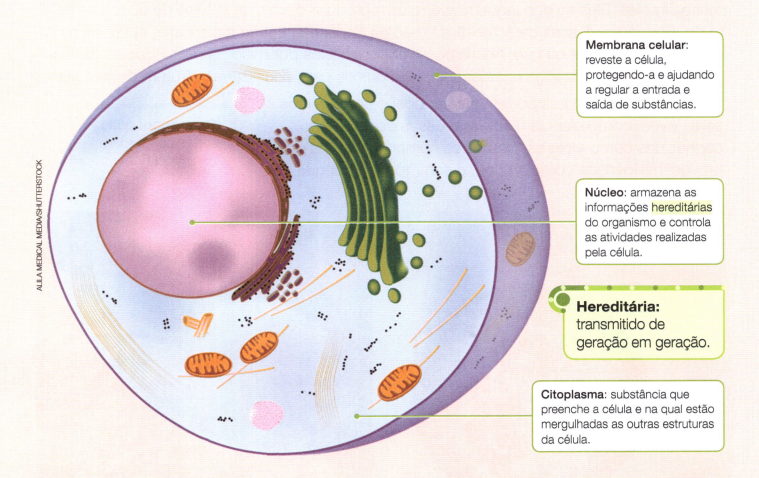

Membrana celular: reveste a célula, protegendo-a e ajudando a regular a entrada e saída de substâncias.

Núcleo: armazena as informações hereditárias do organismo e controla as atividades realizadas pela célula.

Hereditária: transmitido de geração em geração.

Citoplasma: substância que preenche a célula e na qual estão mergulhadas as outras estruturas da célula.

Seres vivos unicelulares são compostos de uma única célula capaz de viver de forma independente de outras células ou seres vivos.

Organismos pluricelulares são formados geralmente por diferentes tipos de células e são especializados em funções diferentes. Essas células não podem sobreviver independentes do organismo ao qual pertencem. Por exemplo, no corpo humano, há tipos de célula que compõem o coração, mas eles não sobrevivem se o restante do organismo não estiver funcionando.

- Encontre, nesta unidade, outras imagens que são modelos científicos.

21

Capítulo 3 — Os vírus e as bactérias

Os vírus

Os **vírus** são seres microscópicos que não são formados por células e têm estrutura muito simples. Eles só conseguem viver e se reproduzir dentro de células de outros seres vivos. Por causa dessas características, não há consenso entre os cientistas sobre se os vírus são seres vivos ou não. Não é possível observá-los por meio de microscópios ópticos. Geralmente, são utilizados microscópios eletrônicos para visualizar a estrutura desses seres.

Alguns tipos de vírus podem causar doenças em outros seres vivos, como plantas e animais. Essas doenças são conhecidas como **viroses**. Nos seres humanos, alguns vírus provocam doenças como a gripe, o sarampo e a dengue.

> **Consenso:** quando todos concordam com algo.

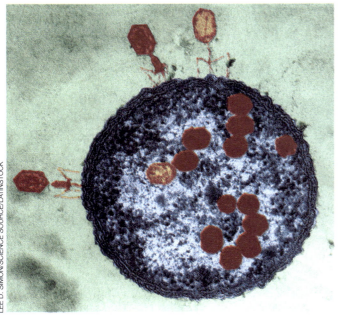

Alguns vírus (em vermelho) atacando uma bactéria (em azul). Imagem colorida artificialmente. Aumento de 40 mil vezes.

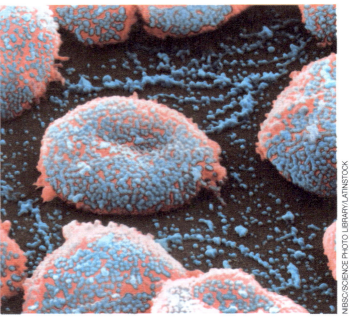

Vírus causadores da gripe (em azul) atacando células do sangue (em vermelho). Imagem colorida artificialmente. Aumento de 6.800 vezes.

1. Como estudamos no capítulo anterior, a unidade estrutural do ser vivo é a célula. Se os vírus não têm células, por que alguns pesquisadores defendem que eles devem ser considerados seres vivos?

_____
_____
_____

Os vírus também podem trazer benefícios

Geralmente, ao falar de vírus, são destacadas as doenças que eles podem causar. No entanto, muitos podem trazer benefícios ao interagirem com os seres vivos. Já foram descritas espécies de vírus benéficas que interagem com microrganismos, insetos, plantas, fungos e animais.

No corpo humano, pode existir uma grande variedade de microrganismos. Muitos são inofensivos e podem até trazer benefícios.

Existem vírus no intestino, na pele e até mesmo no sangue humano. Há tipos de vírus que atacam bactérias, chamados de bacteriófagos. Esses vírus podem atacar bactérias patogênicas e prevenir a ocorrência de infecções em nosso corpo.

Com os avanços na Ciência, os vírus têm sido utilizados também na indústria e na área da saúde. Veja dois exemplos a seguir.

Altura: 30 cm.

As tulipas geralmente têm apenas uma cor. Aquelas que têm duas cores são mais valorizadas no mercado. As tulipas com duas cores foram infectadas por um vírus que ataca algumas células, fazendo surgir a segunda cor.

Hemofilia: doença que pode ser passada de pais para filhos e causa problemas de coagulação do sangue.

A cientista brasileira Margareth Ozelo estuda como os vírus podem auxiliar no tratamento de pacientes com hemofilia.

As bactérias

As **bactérias** são seres vivos microscópicos unicelulares. Elas estão entre os menores seres vivos da Terra.

Como as bactérias são invisíveis a olho nu, é difícil notarmos a presença delas, mas existem muitos tipos de bactérias. Elas podem estar no ar, na água, no solo e no corpo de outros seres vivos. Algumas vivem em locais em que o ser humano não conseguiria sobreviver, como em regiões profundas do oceano ou locais extremamente frios.

Bactérias que vivem na pele humana. Aumento de 5.000 vezes. Imagem colorida artificialmente.

Muitas pessoas só ouviram falar em bactérias pelos malefícios que elas causam aos seres humanos. As cáries, o cheiro de suor e de chulé, o tétano e a cólera, por exemplo, são provocados por bactérias.

Malefícios: que provocam danos ou prejuízos.

A ingestão de alimentos contaminados por certos tipos de bactérias também faz mal à saúde e pode causar vômitos e diarreia. Para tratar doenças causadas por bactérias, é necessário utilizar **antibióticos**. Os antibióticos são medicamentos utilizados para controlar doenças causadas apenas por bactérias e não devem ser utilizados para medicar pacientes com viroses.

2. Leia o texto e responda às questões.

Na pele habitam milhões de bactérias

A pele humana abriga uma imensa diversidade de bactérias. E cada região do corpo apresenta diferentes espécies delas. Diferentemente do que muitos pensam, as bactérias que vivem em nossa pele são, em sua maioria, inofensivas. Muitas delas são essenciais para a saúde da pele.

- Se muitas bactérias são inofensivas para o ser humano, por que é recomendável lavar as mãos?

_____

_____

_____

3. Bactérias e vírus são microrganismos. Como é possível diferenciá-los?

_____

_____

As bactérias podem trazer benefícios

A maioria das bactérias não é danosa a outros organismos e muitas delas trazem benefícios aos seres vivos. Existem bactérias que habitam o intestino de animais e auxiliam na digestão dos alimentos, por exemplo. Diversas bactérias habitam o solo e o tornam mais rico em nutrientes, facilitando o crescimento das plantas. Outras participam do processo de decomposição da matéria orgânica.

As bactérias também podem ser úteis aos seres humanos de diversas formas.

No intestino humano vivem muitos tipos de bactérias que fazem parte do processo de digestão, produzem vitaminas e evitam que aumente o número de bactérias causadoras de doenças. A alimentação saudável, rica em frutas e hortaliças, beneficia as bactérias que atuam em nosso intestino.

Bactérias também são utilizadas na produção de alguns alimentos, como o queijo, o iogurte e o vinagre. Até a produção de alguns remédios é feita com o uso de bactérias.

Os grilos apresentam diversos tipos de bactérias em seu sistema digestório. As bactérias facilitam a digestão de açúcares.

A ação das bactérias no leite é fundamental para a produção dos mais diversos tipos de queijos.

Diferentes tipos de microrganismos são utilizados na produção do chocolate derivado do cacau. As bactérias são responsáveis pelo processo que dá o sabor característico ao chocolate.

4 Leia o texto e responda às questões.

> [...] O primeiro grande problema do chiclete é o que torna ele mais gostoso: o doce. O açúcar contido em um chiclete pode servir de alimento para bactérias dentro da boca. Estas bactérias, alimentadas, podem soltar substâncias ácidas que causam cáries. [...]
>
> Denise Moraes. Mascar chiclete pode prejudicar o estômago, mas é bom para memória. *Agência Brasil de notícias*. Disponível em: <http://mod.lk/ousyh>. Acesso em: 17 jul. 2018.

a) A relação descrita no texto, entre as bactérias da boca e o ser humano, é benéfica ou maléfica? Por quê?

b) Cite duas maneiras de prevenir as cáries causadas pelo chiclete.

5 Leia o texto e responda às questões.

Bactérias que podem fazer chover

As nuvens podem conter, nas gotículas de água, bactérias vivas, e alguns tipos dessas bactérias podem facilitar a transformação da água em gelo.

As gotas que congelam em torno desses microrganismos ficam mais pesadas e "caem" da nuvem. Esse gelo pode derreter e se tornar pingos de chuva ou formar flocos de neve.

Isso significa que essas pequenas formas de vida podem contribuir para a formação da chuva.

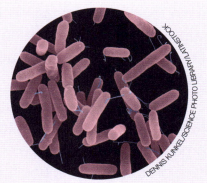

Esse tipo de bactéria pode facilitar a formação de flocos de neve. Ampliação de 2.500 vezes.

a) O que acontece com o gelo que estava em volta do microrganismo após ele cair da nuvem?

b) Como a ação dessas bactérias pode afetar os seres humanos?

Utilize seus conhecimentos a respeito da importância da água para o ambiente para responder a essa questão.

6 Observe a imagem e responda às questões a seguir.

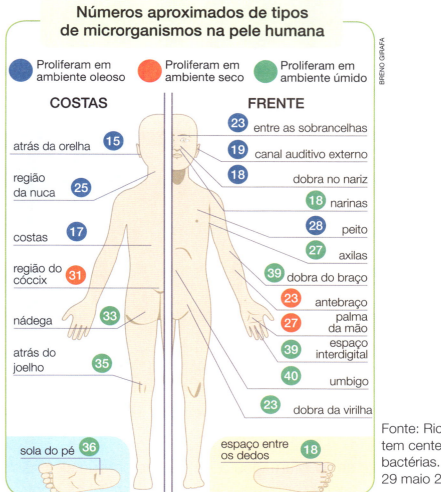

Fonte: Ricardo Mioto. Pele tem centenas de tipos de bactérias. *Folha de S.Paulo*, 29 maio 2009. Ciência.

a) Escreva, com as suas palavras, o que significa *proliferar*. Se não souber, consulte um dicionário impresso ou digital.

b) Como os microrganismos que vivem na pele humana estão classificados na imagem?

c) Em qual local há mais tipos de microrganismos? Em qual tipo de ambiente ele está classificado?

CAPÍTULO 4

Os fungos e os protozoários

Os fungos

Fungos são seres vivos que podem ser unicelulares, como as **leveduras**, ou pluricelulares, como os **cogumelos** e os **bolores**.

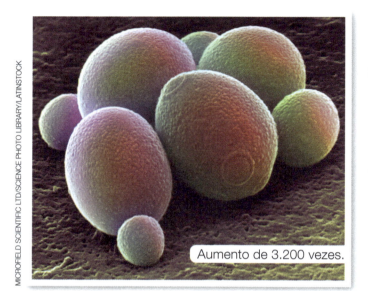

Aumento de 3.200 vezes.

Leveduras são fungos unicelulares de forma ovalada. Imagem colorida artificialmente.

Diâmetro do chapéu: 10 cm.

Cogumelos são fungos pluricelulares.

Às vezes, os fungos podem ser confundidos com plantas porque eles não se locomovem, e alguns até podem lembrar partes de plantas. Porém, ao contrário das plantas, eles não produzem seu próprio alimento.

A maioria dos fungos se alimenta de restos de seres vivos, como folhas ou animais mortos. Assim como as bactérias, os fungos são importantes na decomposição de matéria orgânica.

Alguns fungos vivem associados a raízes de plantas e as ajudam a absorver água e nutrientes do solo. Outros vivem no corpo de animais e plantas e podem causar **doenças**.

1. Os bolores são também conhecidos como mofo. Você já viu algum? Descreva como ele era e onde estava crescendo.

____
____
____
____

28

O corpo dos fungos pluricelulares

O corpo dos cogumelos e bolores é composto de fios compridos e finos, microscópicos, chamados **hifas**. As hifas crescem em meio ao solo, a restos de alimento, em troncos caídos, entre outros locais.

As partes desses organismos que conseguimos ver são apenas as estruturas relacionadas à reprodução, que crescem acima da superfície. Essas estruturas são denominadas **corpo de frutificação**.

Elementos fora de escala. Cores-fantasia.

Nos cogumelos e bolores, grande parte do organismo fica abaixo da superfície. As partes que ficam acima da superfície são estruturas de reprodução.

Os fungos são importantes para o ser humano

Alguns fungos são utilizados na alimentação, como o *champignon* e o *shimeji*. As leveduras são usadas como fermento na produção de pães, bebidas alcoólicas e etanol, este usado como combustível de automóveis.

Alguns fungos também são usados na produção de antibióticos.

Diâmetro do corpo de frutificação: 2 cm.

Cultivo de *shimeji*, um cogumelo utilizado na alimentação. Há muitos tipos de cogumelos comestíveis.

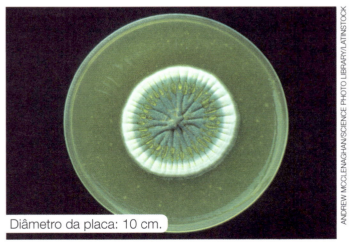

Diâmetro da placa: 10 cm.

A mancha clara no centro da placa de cultivo são fungos cultivados em laboratório para produção de um antibiótico.

Para ler e escrever melhor

> O texto **descreve** o maior ser vivo do mundo.

O maior ser vivo do mundo

O maior ser vivo do planeta não é um animal nem uma planta: é um fungo. Seu nome científico é *Armillaria solidipes*, e ele é conhecido como **cogumelo-mel**, por causa de sua **coloração marrom-amarelada**. Esse organismo cresce no solo da **Floresta Nacional de Malheur**, no estado de Oregon, Estados Unidos. O organismo **se estende por uma área** equivalente a mais de 1.000 campos de futebol!

Não é muito fácil ver esse organismo na superfície, pois a maior parte do seu corpo é **composta de hifas** que se espalham em meio ao solo. Elas se alastram por muitos quilômetros.

Para o fungo **se alimentar**, as hifas fixam-se nas raízes de árvores e liberam substâncias capazes de quebrar os componentes da madeira em partes menores para, depois, absorvê-los. Muitas árvores ficam tão fracas por causa da ação do fungo que acabam morrendo.

A parte visível desse fungo são os cogumelos, que aparecem no outono. Nessa época do ano, é possível observar muitas dessas estruturas reprodutivas, que brotam dos filamentos e chegam a atingir **20 centímetros** de altura cada uma.

Altura: 20 cm.

Cogumelos-mel crescendo sobre tronco caído em uma floresta.

Árvores que foram afetadas pelo cogumelo-mel, na Floresta Nacional Malheur, Estados Unidos, 2015.

Analise

1 Entre as características indicadas no quadro abaixo, circule as que foram apresentadas no texto para descrever o cogumelo-mel.

> Estrutura do corpo   Textura   Alimentação   Nome
> Tamanho   Odor   Coloração   Localização

Organize

2 Complete o quadro com as informações sobre o cogumelo-mel.

Armillaria solidipes	
Onde vive o cogumelo-mel?	
De que se alimenta?	
Como é seu corpo?	

Escreva

3 Escreva um texto que descreva o fungo orelha-de-pau com base na imagem e nas informações apresentadas a seguir.

- Nome científico: *Pycnoporus sanguineus*.
- Comum no Brasil. Costuma aparecer em regiões alteradas pela ação humana.
- Alimenta-se de madeira morta.
- Pode atingir 15 cm de largura.

Representação sem escala para fins didáticos. Cores-fantasia.

Os protozoários

Os protozoários são seres microscópicos unicelulares. A maioria dos protozoários não produz seu próprio alimento, e alimenta-se de seres vivos ou de restos deles.

Eles têm diferentes estruturas de **locomoção**, como cílios, flagelos e projeções do corpo.

Protozoários podem ter vida livre e habitar o mar, a água doce ou o solo úmido. Alguns vivem dentro de outros seres vivos. Por exemplo, dentro do intestino de cupins e bois há protozoários que os ajudam na digestão de alguns tipos de alimento.

O paramécio é um protozoário de água doce que se locomove pelo batimento dos cílios. Aumento de 640 vezes. Cores artificiais.

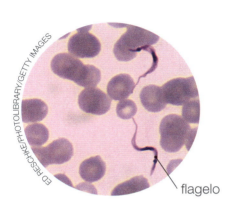

O tripanossomo é um protozoário flagelado que causa a doença de Chagas. Aumento de 600 vezes. Cores artificiais.

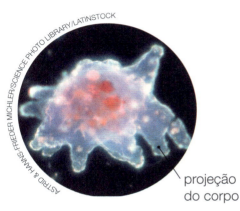

A ameba é um protozoário de água doce que se locomove projetando partes da célula. Aumento de 160 vezes.

2 Observe as imagens abaixo e responda.

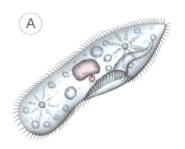
A

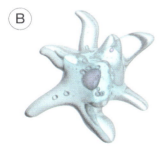
B

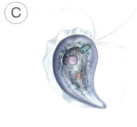
C

Elementos representados fora de escala. Cores-fantasia.

a) Qual dos protozoários acima se locomove pelo batimento de cílios?

_____

b) Como se locomove o protozoário da imagem B?

_____

_____

c) Quantas células tem cada protozoário das imagens?

_____

Relações benéficas e maléficas entre protozoários e outros seres vivos

Os protozoários alimentam-se principalmente de bactérias e fungos, ajudando no controle da quantidade desses microrganismos no ambiente e liberando nutrientes no ambiente. Assim, esses seres vivos têm um papel importante na natureza, ao consumir organismos decompositores e servir de alimento a muitos animais.

Em estações de tratamento de esgoto, alguns tipos de protozoários são utilizados no processo de tratamento da água para retirar bactérias e partículas sólidas da água.

Alguns protozoários podem causar doenças em plantas e animais. Por exemplo, no ser humano, um protozoário transmitido por mosquitos pode causar a malária; água e alimentos contaminados podem transmitir amebíase.

Imagem ampliada 450 vezes. Cores artificiais.

Carrapato-vermelho-do-cão. Mede 0,5 cm.

Um protozoário pode causar uma doença grave chamada babesiose em cães. Ela é transmitida pelo carrapato e afeta células do sangue.

3 Leia o texto e depois responda às questões.

A giárdia é um protozoário que pode viver no intestino humano e causar uma doença chamada giardíase. A transmissão ocorre pela ingestão de água e alimentos contaminados. Os sintomas principais são diarreia e dor abdominal.

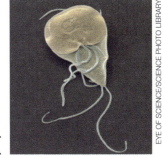

Giárdia vista ao microscópio eletrônico. Aumento de 1.200 vezes. Cores artificiais.

a) A giárdia é um organismo formado por uma ou por muitas células?

_____

_____

b) Como você acha que é possível prevenir a giardíase?

_____

_____

Lembre-se do que você já sabe sobre prevenção de doenças e leia o texto com atenção antes de responder a essa questão.

33

Os microrganismos e a saúde

Os microrganismos podem ser benéficos, neutros ou causar doenças. Os microrganismos nocivos à saúde podem entrar em nosso corpo de diversas formas.

Conhecer essas formas de transmissão é uma maneira de se prevenir contra as doenças causadas por microrganismos.

Você já viu pessoas usando máscaras em ambientes fechados, como transportes públicos e hospitais? Por que será que isso acontece?

Através da pele

Há fungos presentes no ar que se alimentam das células mortas da pele. Esse tipo de fungo pode causar uma doença conhecida como **micose**.

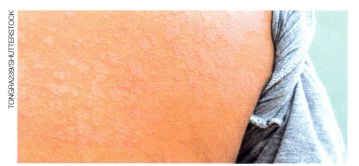

A micose de praia ou "pano branco" é causada pelo desenvolvimento de um tipo de fungo na pele.

Manter os calçados limpos e secos, assim como lavar e enxugar bem os pés, são hábitos que evitam a instalação dos fungos, que causam a micose.

Outros microrganismos entram no corpo através de feridas na pele. É o caso do **tétano**, doença causada por uma bactéria e que pode ser grave, caso o indivíduo não procure tratamento adequado.

 1. Forme dupla com um colega e pesquisem sobre a forma correta de fazer um curativo em um ferimento. Converse sobre isso com os colegas e o professor.

Alguns microrganismos podem entrar em nosso corpo através de machucados na pele. Por isso, é muito importante limpar bem os ferimentos e fazer curativos.

34

Água ou alimentos contaminados

Alguns microrganismos patogênicos podem contaminar os alimentos e a água. Se forem ingeridos, eles podem provocar doenças como o **cólera** e a **salmonelose**, causadas por bactérias, e a **amebíase** e a **giardíase**, causadas por protozoários. Essas doenças têm como principais sintomas diarreia e dores abdominais.

> **Patogênicos:** que causam doenças.

A bactéria que causa a salmonelose se aloja em alguns alimentos de origem animal, como ovos, carne de frango e leite, e também grãos.

2 A amebíase é uma doença transmitida pela ingestão de água ou de alimentos contaminados pela ameba causadora da doença.

a) Faça uma pesquisa e descubra outra doença transmitida da mesma forma que a amebíase.

_____
_____
_____

b) Converse com seu colega sobre formas possíveis de prevenir essas doenças. Anote as conclusões de vocês.

_____
_____
_____
_____
_____

Picada de insetos

Muitas doenças causadas por microrganismos são transmitidas pela picada de insetos. É o caso de dengue, *zika*, *chikungunya* e febre amarela, que são causadas por vírus. A malária e a doença de Chagas, causadas por protozoários, também são transmitidas por insetos.

Ao picar uma pessoa, um mosquito contaminado pode inserir microrganismos patogênicos na corrente sanguínea da vítima. Na foto, o mosquito *Aedes aegypti*.

Comprimento: cerca de 0,5 cm.

O inseto barbeiro transmite o protozoário causador da doença de Chagas.

Comprimento: cerca de 1 cm.

3 Leia a notícia e depois responda à questão.

Transmissão da febre amarela

Segundo o Ministério da Saúde, os casos de [febre amarela] urbanos não ocorrem no país desde 1942. Uma das diferenças centrais entre as duas formas de aquisição da infecção está nos mosquitos que transmitem o vírus da febre amarela em cada ambiente [...]. Enquanto nas florestas insetos dos gêneros *Haemagogus* e *Sabethes* disseminam o agravo, nas cidades, o *Aedes aegypti*, vetor da dengue, *zika* e *chikungunya*, tem potencial de transmissão.

Maíra Menezes. Pesquisadoras da Fiocruz falam sobre vetores da febre amarela. *Agência Fiocruz de notícias*. 17 jan. 2018. Disponível em: <http://mod.lk/febreama>. Acesso em: 17 jul. 2018.

 • Converse com os colegas e o professor sobre a importância do combate aos mosquitos *Aedes aegypti*. Quais cuidados devem ser tomados para evitar a proliferação desses mosquitos?

Contato com gotículas de saliva

Alguns microrganismos são liberados para o ambiente nas gotículas de saliva lançadas quando as pessoas doentes tossem ou espirram. Quando essas gotículas atingem o nariz, os olhos ou a boca de outra pessoa, ela pode adoecer. Essa é uma forma de transmissão de doenças como gripe, resfriados, sarampo e catapora, que são causadas por vírus, e da tuberculose, causada por bactérias.

Essas gotículas também podem cair sobre objetos, como maçanetas, cadeiras e mesa. Ao tocar esses objetos, a pessoa pode ser contaminada.

Outra forma de contaminação é compartilhar utensílios de cozinha, como copos e garfos, com uma pessoa doente. Se eles não forem higienizados corretamente, quem os utilizar também pode ser contaminado.

Quando espirramos liberamos milhares de gotículas de saliva.

4 Complete o quadro a seguir com as informações que estão faltando.

Doença	Microrganismo causador	Transmissão
Dengue	Vírus	_____
Malária	_____	Picada de inseto
Gripe	Vírus	_____
Micose	_____	Contato com a pele
Doença de Chagas	Protozoário	_____
Cólera	_____	Ingestão de água contaminada

Prevenção de doenças

Os microrganismos que causam doenças podem estar em qualquer local, e alguns deles proliferam em locais sujos. Por isso, é importante cuidar da limpeza dos ambientes e evitar frequentar lugares sujos ou contaminados.

É importante lavar bem os alimentos antes de ingeri-los e consumir apenas água tratada. Ferver a água antes de bebê-la ajuda a eliminar os microrganismos causadores de doenças.

Também se deve evitar colocar as mãos sujas em machucados, no nariz, na boca e nos olhos. Quando for espirrar, coloque um lenço ou o braço na frente da boca. Se espirrar nas mãos, lave-as em seguida para evitar contaminar os objetos que tocar.

Os hábitos de higiene, como lavar as mãos antes das refeições e após usar o banheiro, tomar banho, cortas as unhas, manter roupas e sapatos limpos e escovar os dentes após as refeições, também são muito importantes para a manutenção da saúde.

Use a dobra do braço ao espirrar para evitar espalhar gotículas de saliva no ambiente.

5 Como você previne doenças no seu dia a dia?
_____
_____

6 Observe o cartaz ao lado e responda às questões.

a) Qual é o tema do cartaz?
_____
_____
_____

b) Em sua opinião, qual é a importância da mensagem desse cartaz?
_____
_____
_____
_____

Cartaz produzido pela Agência Nacional de Vigilância Sanitária, em 2007.

7 Veja a sequência de ações que Marcelo realizou durante o dia e responda.

Tomou banho.

Tomou café e se esqueceu de escovar os dentes.

Não lavou as mãos após usar o banheiro.

a) Você acha que Marcelo está tomando cuidado com a própria higiene?

_____

b) Que conselhos você daria a ele?

_____
_____
_____
_____

c) Por que é importante seguir esses conselhos?

_____
_____
_____

8 Relacione as formas de transmissão das doenças aos meios de preveni-las.

Formas de transmissão

1. Picada de inseto.
2. Ingestão de água contaminada.
3. Contato com a pele e com machucados.
4. Contato com gotículas de saliva.
5. Ingestão de alimentos contaminados.

Meios de prevenção

☐ Lavar as mãos após espirrar.
☐ Combater o mosquito transmissor.
☐ Ferver a água antes de beber.
☐ Lavar bem os alimentos antes de ingeri-los.
☐ Manter a higiene corporal e do ambiente.

CAPÍTULO 6. Tecnologia e saúde

As vacinas

Ao tomar uma vacina, nosso corpo produz defesas contra certos microrganismos que causam doenças. Assim, o corpo fica protegido caso entre em contato com esses microrganismos.

As primeiras formas de vacinação são muito antigas. Os chineses já faziam uso dessa prática há quase mil anos, e outros povos da Ásia e da África também desenvolveram técnicas semelhantes. Eles buscavam provocar uma forma mais branda de certas doenças; assim, quando as pessoas eram infectadas novamente, não voltavam a adoecer do mesmo mal, prevenindo-se das formas mais fortes das doenças.

Mais tarde, na década de 1790, um médico inglês chamado Edward Jenner fez muitos experimentos com uma variedade mais branda da varíola e desenvolveu uma técnica que chamou de vacina. Até hoje ele é considerado o inventor das vacinas.

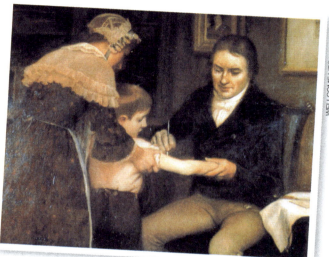

Pintura de Ernest Board, de 1796, mostrando Edward Jenner aplicando a vacina em uma criança.

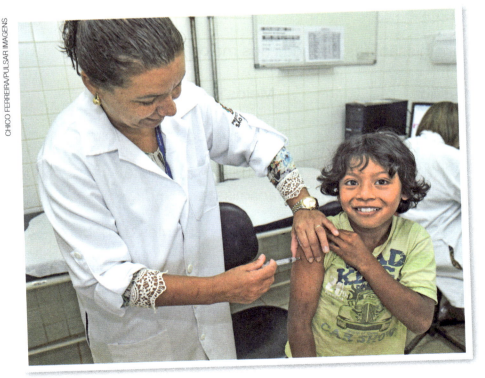

Durante os primeiros anos de vida, as crianças são vacinadas contra muitas doenças. Agente de saúde aplicando vacina contra a gripe em menino indígena da etnia Guarani Mbya em Parelheiros, São Paulo, 2016.

1. Todos os anos, antes do início do inverno no Brasil, o Ministério da Saúde promove campanhas de vacinação contra a gripe. Observe o cartaz da campanha e responda.

Cartaz de campanha de vacinação contra a gripe, 2015.

a) A campanha de vacinação acima é voltada para quais grupos da população?

b) No frio, os casos de gripe aumentam. Você acha que isso tem relação com a forma de transmissão da gripe? Por quê?

c) Ana queria convencer sua avó a tomar a vacina contra a gripe. Para isso, disse que a vacina ajuda a tratar a doença. Você concorda com o argumento de Ana? Por quê? Discuta a questão com os colegas.

Utilize o que você já sabe sobre formas de transmissão e prevenção para elaborar seus argumentos.

Os medicamentos

Quando o corpo está doente, existem medicamentos que podem ajudar. Alguns deles tratam os sintomas das doenças. No caso da gripe, por exemplo, eles são utilizados para reduzir sintomas como febre e dores pelo corpo.

Há medicamentos utilizados para matar os microrganismos que causam infecções. É o caso dos antibióticos. Até a descoberta do primeiro antibiótico, em 1928, muitas pessoas morriam de doenças que hoje podem ser curadas por esses medicamentos.

Quando estamos doentes, é importante ficar em repouso, manter uma alimentação saudável e ingerir bastante água para que o corpo possa se recuperar da doença.

Sintomas: alterações no corpo que podem indicar uma doença.

Infecções: reações do corpo à presença de microrganismos causadores de doenças.

O biólogo Alexander Fleming em seu laboratório, em 1928. Ele descobriu a penicilina, o primeiro antibiótico a ser utilizado como medicamento.

Todos os medicamentos devem ser usados apenas com a indicação e orientação de um médico. Para que o medicamento contribua para a cura da doença, é preciso seguir as recomendações médicas de dosagem e período de uso. A automedicação, isto é, tomar remédios sem consultar um médico, pode trazer sérios riscos à saúde.

42

2 Leia o quadrinho e responda.

> Quero comprar esse remédio porque é o mesmo que a minha amiga tomou. Ela disse que ficou boa em pouco tempo!

- O cliente da farmácia deve tomar o remédio só porque a amiga dele tomou? Qual seria o procedimento correto?

_____
_____
_____

3 Leia o texto, observe a imagem e responda.

Que tal uma reflexão sobre as propagandas de medicamentos e produtos farmacêuticos divulgados pela mídia?

Você liga a televisão, abre um jornal ou revista, vê cartazes e anúncios em *outdoors*, ônibus, trens, metrô: todos prometem maravilhas e alívios rápidos. [...]

Os medicamentos são essenciais quando receitados e usados adequadamente para diagnosticar, prevenir e curar doenças. Utilizados de maneira incorreta ou consumidos sem orientação médica, podem causar efeitos indesejáveis e oferecer sérios riscos à saúde.

ANVISA. *O que vale a pena saber sobre a propaganda e o uso de medicamentos*. Brasília: Ministério da Saúde, 2008.

Capa da cartilha da Anvisa sobre o uso de medicamentos.

a) Que mensagem a imagem passa para você?

_____
_____

b) As propagandas de medicamentos podem oferecer riscos? Explique.

Questione-se sobre as informações disponíveis na mídia. Sempre reflita sobre o que está sendo informado.

43

Equipamentos para diagnóstico

Atualmente, existem muitos equipamentos que ajudam no diagnóstico de doenças. Aparelhos de **raios X** e **tomógrafos** mostram imagens do interior do corpo e possibilitam examinar partes que não são visíveis externamente. Os raios X são utilizados principalmente para observação de ossos e cartilagens. Já os tomógrafos possibilitam ver os outros órgãos do corpo, como coração, intestino e cérebro.

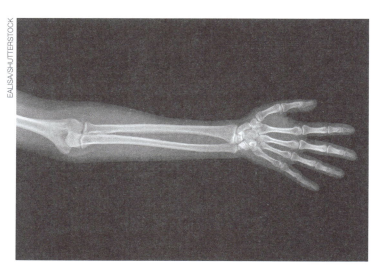

Ossos do antebraço e da mão em uma imagem de raios X.

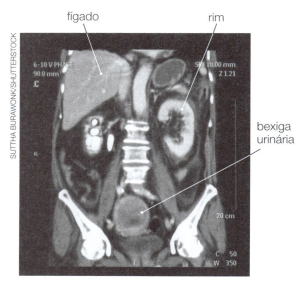

Tomografia do abdome de uma pessoa.

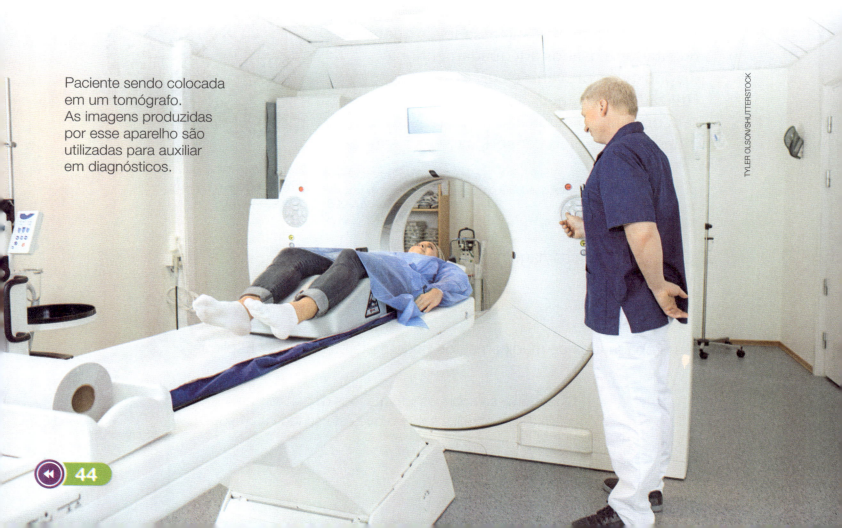

Paciente sendo colocada em um tomógrafo. As imagens produzidas por esse aparelho são utilizadas para auxiliar em diagnósticos.

44

Os **microscópios ópticos** permitem analisar diversos materiais, como sangue, pele e fezes. A análise do sangue mostra se as células estão saudáveis e nas quantidades consideradas adequadas. Também permite saber se há algum microrganismo nocivo à saúde presente no sangue.

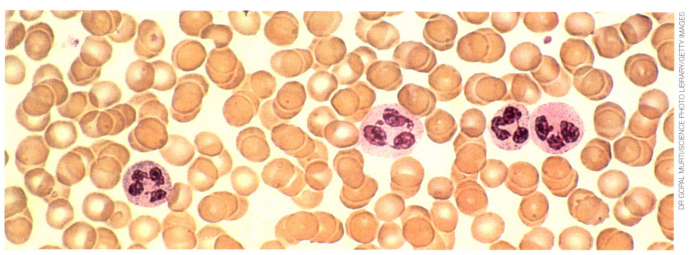

Células do sangue humano saudável visto ao microscópio óptico. Aumento de 630 vezes. Cores artificiais.

Outro tipo de exame que auxilia no diagnóstico de patologias é o de fezes, que é capaz de identificar a presença de microrganismos causadores de doenças.

4 Leia o texto e assinale a alternativa correta.

> A malária é causada por um protozoário transmitido pela picada de um mosquito. Dentro do corpo humano, o protozoário vive parte de sua vida no sangue.

- Um método de diagnóstico da malária é:

  ☐ Exame de raios X, para avaliar a saúde dos ossos do paciente.

  ☐ Exame de sangue ao microscópio, para verificar se há protozoário no sangue.

  ☐ Exame de fezes ao microscópio, para verificar se há protozoário nas fezes.

  ☐ Tomografia, para verificar em qual parte do corpo humano o protozoário se encontra.

5 Como a tecnologia pode ser útil nos cuidados com a saúde?

O mundo que queremos

Calendário de vacinação

Você já deve ter tomado algumas vacinas em sua vida e continuará tomando outras ao longo dos anos para proteger sua saúde. A vacinação é um direito de todo cidadão brasileiro.

Desde 2004, existe um calendário obrigatório de vacinação para crianças, adolescentes, adultos e idosos. Isso quer dizer que o governo estabelece regras sobre datas, doses e tipos de vacinas a serem ministrados. Existe até um documento próprio para controlar as vacinas que uma pessoa deve tomar: é a **carteira de vacinação**.

Essas ações garantem que muitas doenças sejam erradicadas ou que haja cada vez menos pessoas afetadas por elas.

Outra ação importante são as **campanhas de vacinação**. Nas campanhas, o governo divulga informações em vários meios de comunicação e chama a população para ser vacinada.

Um exemplo bem-sucedido foram as campanhas contra a poliomielite, uma doença que causa a paralisia infantil. A vacinação contra essa doença é muito simples, basta engolir três gotinhas. Após as campanhas nacionais de vacinação, essa doença praticamente desapareceu no Brasil.

Mesmo fora dos períodos de campanha, as vacinas podem ser encontradas nos postos de saúde e não têm custo nenhum.

Você sabia?

Os animais de estimação também devem ser vacinados. As vacinas, além de protegê-los de doenças específicas, também protegem as pessoas de doenças que podem ser transmitidas por eles ao ser humano, como a raiva e a leptospirose.

Compreenda a leitura

1 Quem tem direito à vacinação no Brasil?

_____

2 Quem regula as vacinas, as doses e as datas em que as pessoas devem ser vacinadas?

_____

3 O que são as campanhas de vacinação?

_____

_____

Vamos fazer

Cartaz de campanha de vacinação contra a paralisia infantil.

4 Observe, ao lado, o cartaz de uma campanha de vacinação contra a paralisia infantil.

   a) Quais informações você obtém nesse cartaz?

   _____

   _____

   b) Você já viu algum cartaz parecido? Lembra-se das vezes em que foi vacinado? Converse com os colegas.

 5 Em grupo, pesquisem quais vacinas devem ser tomadas nos dois primeiros anos de vida.

- Escolham uma das vacinas e pesquisem sobre a(s) doença(s) que ela previne.

- Escolham as informações e elaborem um cartaz. Lembrem-se de que os adultos costumam ler os textos apresentados nos cartazes, mas as crianças pequenas compreendem melhor as imagens!

 Peça a um adulto para verificar a sua carteira de vacinação. **Questione** se as suas vacinas estão em dia. Em caso negativo, peça ao responsável para levá-lo em uma unidade básica de saúde para atualizar as vacinas.

O que você aprendeu

1 Observe a imagem e responda.

- O vaso com água pode ser considerado um tipo de lente? Por quê?

_____

_____

2 Todas as imagens a seguir são de um microrganismo que ataca plantas, causando uma doença chamada ferrugem.

a) Que instrumento de observação foi usado em cada caso: olho nu (sem instrumento), lupa ou microscópio? Escreva abaixo de cada imagem.

  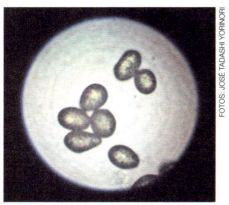

_____ _____ _____

b) Alguma imagem mostra células? Circule.

3 As afirmações abaixo estão incorretas. Reescreva-as fazendo as correções necessárias.

a) As células não têm vida.

_____

b) Somente organismos pequenos são formados por células.

_____

_____

c) As células não precisam de alimento.

_____

_____

4 Observe a tirinha a seguir e depois responda às questões.

a) Por que a menina de roupa amarela ficou doente?

_____

_____

_____

b) Qual tipo de microrganismo causa a gripe?

_____

c) Como a menina do primeiro quadrinho poderia ter evitado a transmissão da gripe para sua colega?

_____

_____

49

O QUE VOCÊ APRENDEU

5 Leia o texto e responda.

> As cáries são causadas por bactérias que vivem em nossa boca. Ao se alimentarem dos restos de comida, as bactérias produzem substâncias que corroem os dentes, produzindo as cavidades que chamamos de cáries.

- Como a escovação dos dentes pode prevenir as cáries?
  _____
  _____
  _____

6 Observe a foto e responda.

a) A foto mostra o fungo inteiro? Explique.
  _____
  _____
  _____
  _____

Altura: 10 cm.

b) O que diferencia fungos de plantas?
  _____
  _____
  _____
  _____

7 Leia o texto e responda.

> Fabíola pegou uma fatia de pão para fazer um sanduíche, mas reparou que ele estava embolorado. Quando mostrou para seu irmão mais velho, ele disse: "Acho que dá para usar o pão, é só raspar esse bolor".

- Você concorda com o irmão de Fabíola? Por quê?
  _____
  _____
  _____
  _____

8 Leia a notícia e, em seguida, responda às questões.

A primeira vacina contra a esquistossomose, que afeta mais de 200 milhões de pessoas em todo mundo, estará pronta em 2020. A Fundação Oswaldo Cruz (Fiocruz), responsável pela pesquisa anunciou [...] que, após 30 anos de estudos, a produção em larga escala e distribuição da vacina da SM14 pelo Sistema Único de Saúde (SUS) e pela Organização Mundial da Saúde (OMS) começará [...].

[...]

A pesquisa para o desenvolvimento da vacina foi escolhida como uma das cinco prioridades pela Organização Mundial da Saúde. Relacionada à precariedade de saneamento, a esquistossomose é transmitida pela água contaminada com as larvas do verme. [...]

Larva do esquistossomo. Aumento de 20 vezes. Imagem colorida artificialmente.

Flávia Vilela. Após 30 anos de pesquisa, vacina contra esquistossomose chega aos SUS em 3 anos. *Agência Brasil*. Disponível em: <http://mod.lk/esquito>. Acesso em: 17 jul. 2018.

a) Qual doença a vacina noticiada no texto previne?

_____

 b) Explique com suas palavras como as vacinas protegem nosso corpo de algumas doenças causadas por microrganismos.

_____

_____

_____

 Antes de escrever, organize as ideias. Se a relação entre a vacinação e a prevenção de doenças não ficou clara, releia o conteúdo.

c) Por que é importante que a vacina passe por testes antes de ser produzida e aplicada?

_____

_____

9 A vacinação é importante? Por quê?

_____

_____

UNIDADE 2
Seres vivos e ecossistemas

Vamos conversar

1. Quais seres vivos e componentes não vivos aparecem na imagem?
2. O que está acontecendo na cena?
3. De que os seres vivos mostrados na imagem se alimentam?
4. Dos seres vivos que você conhece, quais precisam de energia para se desenvolver?
5. O que você imagina que vai ocorrer com os restos do corpo dos seres vivos da imagem quando eles morrerem?

Girino tornando-se um sapo, de Charley Harper, 1961. Ilustração presente na obra *Charley Harper: An Illustrated Life* (inglês), Ammo Books, 2011.

Investigar o assunto

A alimentação dos seres vivos

Todos os seres vivos precisam de alimento para sobreviver. É com os nutrientes ingeridos e absorvidos que os organismos crescem e obtêm energia para realizar suas atividades. O que será que os seres vivos comem?

O que você vai fazer

Investigar vestígios da alimentação dos animais.

> **Vestígios:** quaisquer marcas, sinais ou evidências de algo que aconteceu.

Como você vai fazer

Conhecer mais sobre os hábitos alimentares de alguns animais e responder às questões.

Etapa 1: Analisar vestígios da alimentação dos animais

Comprimento sem a cauda: 40 cm.

Alguns macacos-prego usam pedras para quebrar e tirar a casca dos coquinhos que vão comer.

Comprimento: 5 cm.

Diversos insetos se alimentam de folhas ou de outras partes das plantas.

Algumas larvas de insetos se alimentam de frutas, como a maçã e a goiaba.

Comprimento: 6 mm.

Alguns mosquitos picam as pessoas e sugam o sangue para se alimentar.

- Que vestígios os animais das imagens deixam ao se alimentar?

_____
_____
_____

Etapa 2: **A investigação de pelotas regurgitadas e fezes**

Nem todo alimento ingerido é aproveitado inteiramente pelos organismos. Há estruturas mais resistentes que não são digeridas, como ossos, partes do corpo de insetos e sementes de frutos. Materiais como esses são eliminados nas fezes ou quando os animais regurgitam, na forma de pelotas. Por isso, esses materiais são utilizados na investigação do hábito alimentar dos animais.

Para você responder

1. Observe a foto ao lado, que mostra pelotas regurgitadas por uma coruja.

    a) O que você identifica na imagem?

    _____

    _____

    Pelotas regurgitadas por uma coruja.

    b) Com base no conteúdo das pelotas, você consegue supor o que a coruja come?

    _____

    _____

2. Guano é o nome dado às fezes de aves e de morcegos acumuladas no chão do lugar onde esses animais vivem.

    a) Se um cientista analisasse o guano de uma caverna habitada por morcegos e encontrasse diversas sementes, o que ele poderia concluir sobre a alimentação deles?

    _____

    b) Que evidências ele encontraria em fezes de aves que se alimentam de:

    ✔ insetos?

    _____

    _____

    ✔ pequenos vertebrados?

    _____

    _____

3. Como você acha que as plantas se alimentam?

    _____

    _____

Capítulo 1 — Os animais se alimentam

A energia e os nutrientes de que os animais precisam para crescer, manter-se vivos e realizar suas atividades vêm dos alimentos.

Os animais podem ser classificados de acordo com o tipo de alimento que consomem: herbívoros, carnívoros, onívoros e detritívoros.

Herbívoros: alimentam-se somente de plantas. Os herbívoros podem se alimentar de partes de plantas, como folhas, frutos, sementes, raízes, néctar etc. O gafanhoto, o coelho e o boi são exemplos de animais herbívoros.

A cutia é um animal herbívoro que se alimenta de partes de plantas. Mede cerca de 50 cm de comprimento.

Onívoros: alimentam-se tanto de outros animais como de plantas. O ser humano, o lobo-guará e o tucano são exemplos de animais onívoros.

O quati é um animal onívoro que se alimenta de frutas e animais invertebrados. Mede cerca de 60 cm de comprimento sem a cauda.

Carnívoros: alimentam-se somente de outros animais. Os carnívoros costumam matar animais que lhes servem de alimento, como uma serpente ao comer um rato. A joaninha, a onça e o tubarão são exemplos de animais carnívoros.

A raposa-brasileira é um animal carnívoro que se alimenta de aves, roedores e insetos como o gafanhoto. Mede cerca de 60 cm de comprimento sem a cauda.

Detritívoros: alimentam-se de restos de plantas e de animais em decomposição. Também são detritívoros animais que se alimentam de fezes de outros animais. Os exemplos mais comuns são os urubus, as hienas e algumas espécies de besouros e moscas.

O urubu-rei é um animal detritívoro que se alimenta apenas de carcaça de animais mortos. Sua envergadura mede cerca de 80 cm.

1. Corrija as frases a seguir.

a) O ser humano é um animal carnívoro porque se alimenta de carne.
_____
_____

b) O louva-a-deus se alimenta somente de outros insetos, mas não pode ser considerado carnívoro, pois não come carne.
_____
_____

c) Os animais detritívoros alimentam-se somente de restos de animais.
_____
_____

2. Usando um espelho, observe a sua dentição. Depois compare seus dentes com os dentes mostrados no esquema abaixo.

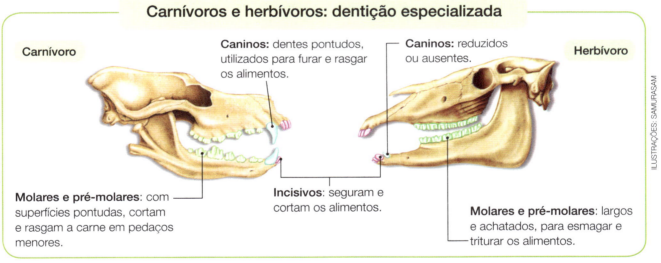

a) Você acha que sua dentição é mais parecida com a de um animal herbívoro ou carnívoro? Explique.
_____
_____
_____

b) Explique por que cuidar da saúde dos dentes é importante para a alimentação.
_____
_____

Alimentação e sobrevivência

A alimentação de alguns animais é bastante restrita. É o caso do urso-panda, que se alimenta quase exclusivamente de bambu. Se a fonte principal de alimento desses animais se esgotar, eles podem ser extintos.

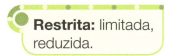
Restrita: limitada, reduzida.

Há também animais que consomem diversos tipos de alimento. Os pombos, os pardais, as baratas e os ratos, por exemplo, conseguem se alimentar de uma ampla variedade de alimentos. Essa característica, entre outras, faz com que eles se adaptem a diversos ambientes, como as cidades.

Altura: 140 cm.

O desmatamento diminuiu a quantidade de bambu e reduziu o ambiente do urso-panda. Com isso, ele entrou na lista de animais ameaçados de extinção.

Comprimento: 75 cm.

A jacutinga alimenta-se principalmente do fruto do palmito-juçara. Essa palmeira está ameaçada de extinção, pois é derrubada para a retirada do palmito. Com isso, a alimentação da jacutinga fica prejudicada.

Comprimento: 10 cm.

Os pardais foram trazidos da Europa para o Brasil no início do século XX para ajudar a combater insetos. Desde então, espalharam-se pelo país todo.

3 Você concorda com a frase a seguir? Explique.

> Animais que têm dieta restrita são mais vulneráveis à extinção.

58

Álbum de Ciências — A mariposa-esfinge-de-morgan

As plantas e os insetos interagem de muitas formas no ambiente. Os insetos participam na polinização das flores e auxiliam também a espalhar sementes. Das plantas, retiram alimentos e encontram abrigo. Um exemplo de interação entre insetos e plantas é entre um tipo de mariposa e a orquídea-estrela.

As mariposas têm, na região da boca, um órgão chamado probóscide, uma espécie de "tromba", que usam para sugar néctar das flores.

Em Madagascar, no continente africano, existe um tipo de mariposa peculiar, a mariposa-esfinge-de-morgan. A probóscide dela é bem maior do que a da maioria das mariposas, podendo medir até 25 centímetros de comprimento.

Peculiar: característica que o diferencia de outros seres vivos.

Pesquisadores descobriram que ela se alimenta exclusivamente do néctar produzido pela orquídea-estrela. Esse néctar fica acumulado no fundo da flor, em um tubo longo e fino, com cerca de 25 cm de comprimento. Somente essa mariposa é capaz de polinizar essa espécie de orquídea, possibilitando que ela se reproduza. A orquídea e a mariposa têm uma relação praticamente exclusiva: uma depende da outra para sobreviver.

Mariposa-esfinge-de-morgan
Comprimento: 15 centímetros.
Envergadura: 10 centímetros.
Distribuição: leste da África e Madagascar.

Mariposa-esfinge-de-morgan usa sua longa probóscide para coletar o néctar da flor da orquídea-estrela. Com isso, a mariposa também carrega o pólen dessa flor, contribuindo para a reprodução desse tipo de orquídea.

CAPÍTULO 2. As plantas produzem seu próprio alimento

Assim como os animais, as plantas precisam de energia para viver. Ao contrário dos animais, elas produzem o próprio alimento.

Esse processo de produção do alimento em plantas chama-se **fotossíntese**. Para ocorrer a fotossíntese, as plantas usam **água** e **gás carbônico** do ambiente.

- A água é absorvida do solo por meio das raízes.
- O gás carbônico é retirado da atmosfera, geralmente pelas folhas.

Para realizar a transformação de água e gás carbônico em alimento, as plantas usam a energia da **luz do Sol**. Elas aproveitam a luz por meio de uma substância chamada **clorofila**. A cor verde nas plantas se deve à presença dessa substância.

Na presença de luz, algumas células das plantas conseguem combinar a água e o gás carbônico para formar **carboidratos**, que são a fonte de energia das plantas. Açúcar e amido são exemplos de carboidratos.

Na fotossíntese, as plantas liberam gás oxigênio. Como a fotossíntese só ocorre na presença de luz, a planta não produz alimento nem libera gás oxigênio se for mantida no escuro.

Outras substâncias absorvidas do solo são os nutrientes minerais. Eles são usados na produção das estruturas do corpo das plantas.

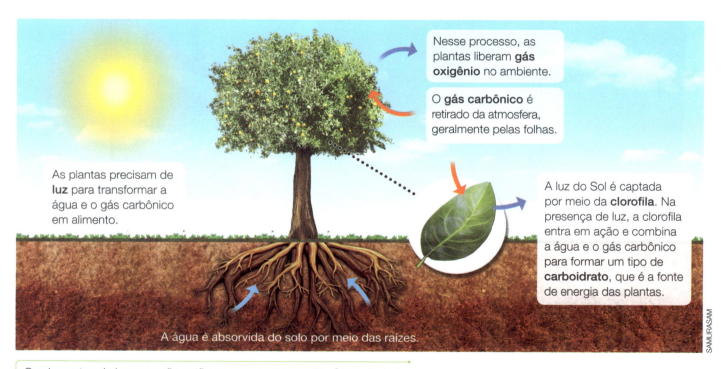

Nesse processo, as plantas liberam **gás oxigênio** no ambiente.

O **gás carbônico** é retirado da atmosfera, geralmente pelas folhas.

As plantas precisam de **luz** para transformar a água e o gás carbônico em alimento.

A luz do Sol é captada por meio da **clorofila**. Na presença de luz, a clorofila entra em ação e combina a água e o gás carbônico para formar um tipo de **carboidrato**, que é a fonte de energia das plantas.

A água é absorvida do solo por meio das raízes.

Os elementos da imagem não estão na mesma proporção. Cores-fantasia.

1 O que aconteceria a uma planta em um ambiente sem gás carbônico? E em um ambiente sem luz?

_____
_____
_____

2 De onde vem a energia utilizada pelas plantas no processo de fotossíntese?

☐ Do gás carbônico.   ☐ Dos alimentos.

☐ Dos nutrientes no solo.   ☐ Da luz do Sol.

3 Batata e arroz são alimentos ricos em carboidratos.

- Explique de onde vêm os carboidratos desses alimentos.

_____
_____
_____

Batata brotando.

4 Desenhe uma planta encontrada em sua escola ou em sua casa. Depois faça um esquema que represente a fotossíntese.

Álbum de Ciências — Plantas carnívoras

As plantas carnívoras utilizam folhas modificadas para atrair, capturar e digerir pequenos animais. Essas plantas realizam fotossíntese; a digestão de pequenos animais complementa os nutrientes que elas não encontram no solo.

Os animais capturados pela dioneia são atraídos pelo odor do néctar na superfície da folha. Na parte interna das folhas, existem pequenas hastes que funcionam como gatilhos. Quando os animais encostam nelas, as folhas se fecham.

A planta-jarro apresenta folhas modificadas que se assemelham a jarros. Dentro dos "jarros" há um líquido que ajuda na digestão dos pequenos animais, que, ao entrar nessa planta, dificilmente conseguem sair.

O gás oxigênio é necessário para obter energia

O gás oxigênio é fundamental na sobrevivência de muitos seres vivos. No interior das células ocorrem as trocas gasosas; o gás oxigênio interage com as substâncias fornecidas pelos alimentos, liberando energia. Esse processo recebe o nome de **respiração**. Na respiração, as células também produzem e eliminam o gás carbônico.

A superfície do corpo das plantas, principalmente as folhas, apresenta pequenos orifícios por onde os gases da respiração e da fotossíntese são absorvidos e eliminados.

A maior parte das trocas gasosas da respiração ocorre nas folhas. Mas outras partes da planta, como a raiz e o caule, também realizam trocas gasosas necessárias para a respiração.

Durante o dia, as plantas fazem a fotossíntese e também respiram. Durante a noite, elas não realizam a fotossíntese. A respiração, no entanto, continua ocorrendo, ou seja, as plantas absorvem gás oxigênio e eliminam gás carbônico.

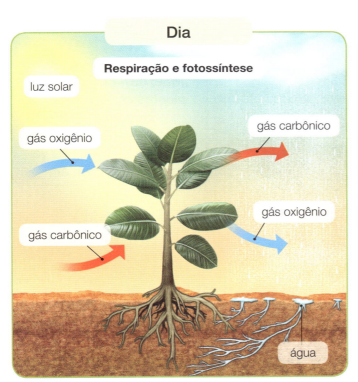
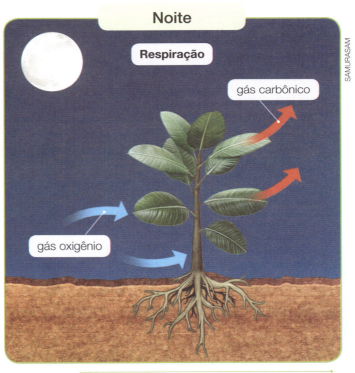

Esquema mostrando os processos que ocorrem na planta durante o dia e durante a noite.

Os elementos da imagem não estão na mesma proporção. Cores-fantasia.

5 Onde ocorrem as trocas gasosas no corpo das plantas?

---

6 Complete as frases com as palavras do quadro.

> clorofila   plantas   gás oxigênio   gás carbônico
> fotossíntese   noite   dia   respiram

a) As _____ produzem o próprio alimento por meio da _____. A _____ é a substância de cor verde que permite que isso aconteça.

b) Durante o _____, as plantas fazem a fotossíntese e também _____. Durante a _____, as plantas não realizam a fotossíntese, por isso elas não liberam _____ nem absorvem _____ nesse período. A respiração, no entanto, continua ocorrendo.

7 Leia a pergunta que Jéssica fez a sua mãe.

Mãe, ouvi dizer que as plantas respiram muito gás oxigênio. Se essa planta ficar no meu quarto enquanto durmo, ela vai me deixar sem ar?

- Você sabe responder à pergunta da menina?

_____
_____
_____
_____

Quando lhe fizerem uma pergunta cuja resposta pareça óbvia, **reflita antes de responder**. Talvez a pergunta não seja tão óbvia assim.

Transpiração das plantas

A perda de água na forma de vapor é chamada de **transpiração**.

Nas plantas, a água é absorvida pelas raízes, e, geralmente, a transpiração ocorre pela superfície das folhas.

A perda excessiva de água pode ser prejudicial à planta, pois ela é uma substância essencial à sobrevivência dos seres vivos. Algumas plantas têm estruturas, chamadas de **cutícula vegetal**, para evitar esse tipo de perda.

Nos cactos, as folhas têm forma de espinho. Nelas quase não há transpiração.

Plantas como a carnaúba apresentam uma camada de cera que cobre a superfície da folha. Essa cera diminui a perda de água na transpiração.

8 A perda excessiva de água pela transpiração pode ser um problema para as plantas? Por quê?

_____
_____
_____

Pense bem antes de responder, não diga a primeira resposta que vier à sua mente, reflita sobre ela.

9 Qual é o nome da estrutura que evita o excesso de perda de água nas plantas?

_____

Os ecossistemas

O conjunto formado pelos seres vivos e pelos componentes não vivos de um local é chamado de **ecossistema**.

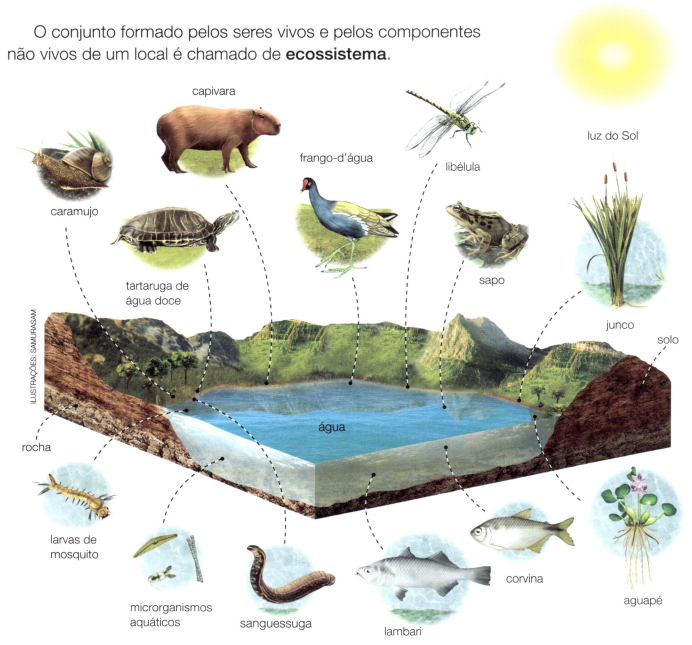

Seres vivos: plantas, animais e microrganismos.
Componentes não vivos: rochas, água, solo, ar e luz do Sol.

Os elementos da imagem não estão em proporção. Situação não real. Cores-fantasia.

Um ecossistema pode ser uma floresta inteira ou apenas um rio dessa floresta. O tamanho do ecossistema depende do ponto de vista de quem o está estudando.

Além disso, existem muitos ecossistemas diferentes. Eles variam de acordo com as características ambientais. Alguns são quentes e secos, com poucas chuvas; outros são úmidos e com sombra, com chuvas abundantes; ainda há os que são alagados e os que são marinhos.

Cada ecossistema é de um jeito

Existem muitos ecossistemas diferentes e cada um deles abriga seres vivos característicos, **adaptados** ao ambiente em que vivem.

A planta mangue-vermelho, por exemplo, está presente nos manguezais, locais com solo alagado, pobres em gás oxigênio e com muito sal. O mangue-vermelho consegue sobreviver nesse ambiente porque partes de suas raízes ficam acima do nível da água e têm estruturas que eliminam o excesso de sal de seu corpo.

Os juazeiros são árvores que vivem em ecossistemas com longos períodos de seca. Eles sobrevivem nesses locais porque têm folhas grossas e espinhos, que diminuem a perda de água, e raízes que captam água do subsolo a grandes profundidades.

O mangue-vermelho vive em terrenos alagados e com muito sal.

Os juazeiros sobrevivem a longos períodos sem chuva.

1 Leia o texto e responda à questão.

> Nos ecossistemas de cavernas, que são ambientes úmidos e escuros, vivem alguns animais cujo corpo não tem cor nem olhos, mas tem longas antenas e um olfato bem apurado.

- A que característica do ambiente os animais das cavernas estão adaptados? Quais adaptações foram citadas no texto?

_____

_____

Relações alimentares

Em um ecossistema, as relações de alimentação entre os seres vivos são muito importantes. Cada ser vivo se alimenta de uma forma.

A sequência de alimentação em um ecossistema é chamada de **cadeia alimentar**. Na representação da cadeia alimentar, as relações alimentares são indicadas por setas. A seta vai do organismo que serve alimento até o organismo que o consome. Veja um exemplo na imagem a seguir.

Uma cadeia alimentar sempre começa com um ser vivo que produz seu próprio alimento. Ele é chamado de **produtor** e, em geral, é uma planta ou uma alga.

O produtor serve de alimento para outro ser vivo, como o caramujo. Este, por sua vez, pode servir de alimento para outro animal, como o tuiuiú. Os animais são sempre **consumidores**, alimentando-se de plantas ou de outros animais.

Os restos de todos os seres vivos da cadeia alimentar são alimento para fungos e bactérias, chamados de **decompositores**.

Os elementos da imagem não estão na mesma proporção. Situação não real. Cores-fantasia.

68

2 Complete as lacunas com os seres vivos: produtor, consumidor e decompositor.

Representação fora de proporção. Cores-fantasia.

3 Identifique o produtor, os consumidores e os decompositores abaixo.

4 É possível existir cadeias alimentares sem produtores? Por quê?

_____
_____
_____
_____

Para ler e escrever melhor

> O texto **compara** ecossistemas marinhos na superfície e no fundo do mar.

Animais marinhos em diferentes ecossistemas

O ambiente marinho não é todo igual. As condições na superfície, por exemplo, são muito diferentes das encontradas nas profundezas do mar, região conhecida como zona abissal.

As águas da superfície recebem muitos raios solares, sendo iluminadas e, de modo geral, mais quentes. As águas mais profundas, **por sua vez**, são escuras e frias.

Os animais que vivem na superfície do mar encontram mais alimento, pois a luminosidade possibilita a sobrevivência dos seres vivos que fazem fotossíntese. Esses seres vivos são a base da cadeia alimentar e sustentam diversos animais. **No entanto**, na zona abissal, não há luz que permita a fotossíntese. Com isso, os animais que vivem lá se alimentam dos poucos seres vivos desse ambiente ou dos organismos que afundam até grandes profundidades, geralmente depois de mortos.

As diferentes condições desses ambientes também influenciam as características de seus habitantes. Os animais que vivem na superfície têm olhos que permitem visualizar o alimento e fugir dos predadores. **Contudo**, nas regiões abissais, como não há luz, de forma geral os seres vivos não enxergam ou têm olhos pouco desenvolvidos. Em alguns casos, podem-se encontrar animais com a capacidade de produzir luz em seu próprio corpo ou com longas antenas para perceber o ambiente ao seu redor.

Cardume em ecossistema marinho próximo à superfície.

O peixe-lanterna vive em regiões abissais. Algumas partes do seu corpo são capazes de emitir luz.

Analise

1 O que as expressões em destaque no texto indicam?

_____
_____
_____

Organize

2 Complete o quadro com informações do texto.

	Zona próxima à superfície	Zona abissal
Luz e temperatura		
Quantidade de alimento		
Características dos seres vivos		

Escreva

3 Escreva um texto no seu caderno comparando os ecossistemas encontrados nos estados do Mato Grosso e Pará.

Exemplos de organismos	Ecossistema encontrado no	
	Mato Grosso	Pará
Produtores	Grama, pequizeiro e canela-de-ema	Algas e plantas aquáticas
Consumidores	Ema, tamanduá-bandeira e cupim	Caramujos, camarões e peixes
Decompositores	Fungos e bactérias	Fungos e bactérias

Complemente o quadro com informações que você julgue interessantes. **Organize suas ideias** antes de redigir o texto. Pesquise outras maneiras de redigir uma comparação.

71

CAPÍTULO 4. A decomposição

Animais e plantas mortos, fezes, urina, folhas, galhos, outras partes de plantas e restos de alimentos compõem o que é chamado de **matéria orgânica**.

Muitos fungos e bactérias se alimentam da matéria orgânica livre no ambiente. Para se alimentar, eles liberam no meio em que vivem líquidos digestivos que quebram a matéria orgânica, gerando substâncias menores e mais simples. Essa transformação química é chamada **decomposição** ou **apodrecimento**.

Esses fungos e bactérias são chamados de organismos **decompositores**.

As substâncias originadas da decomposição da matéria orgânica servem de nutriente para esses organismos, permitindo que eles cresçam e se reproduzam.

Os fungos e as bactérias que crescem na fruta causam seu apodrecimento. A fotografia apresenta a sequência de apodrecimento de uma maçã-verde.

1 Qual é o alimento de fungos e bactérias decompositores?

_____
_____
_____

2 Faça uma pesquisa sobre o que é o humo (ou húmus) e escreva seu significado.

_____
_____
_____

> **Seja flexível!** Adapte a sua resposta, ela também pode ser apresentada por meio de desenhos no caderno ou de outra forma que você julgar pertinente.

Importância da decomposição

A decomposição é um processo muito importante na natureza. Parte das substâncias originadas da decomposição fica disponível no solo, na forma de nutrientes. As plantas absorvem esses nutrientes, utilizando-os para seu próprio crescimento. Os animais, ao se alimentar das plantas, também estão aproveitando, de maneira indireta, os nutrientes liberados pela decomposição.

Sem a decomposição feita pelos microrganismos, a matéria orgânica levaria muito tempo para se degradar. Haveria acúmulo de animais e plantas mortos, de restos de alimento e outros detritos. Faltariam nutrientes para o crescimento das plantas, o que afetaria todos os seres vivos.

Fungos crescendo sobre tronco de árvore caída. A decomposição é o processo responsável pela reciclagem dos nutrientes, devolvendo-os ao meio ambiente. Animais e plantas são beneficiados pela decomposição.

Trabalhadores do município de Conde, na Bahia, em 2013, manejando uma pilha de **compostagem**. Essa técnica acelera a decomposição natural da matéria orgânica, que é usada para produzir adubo para plantas.

3. Leia o texto, observe a imagem e responda.

Os resíduos orgânicos produzidos em casa, como folhas e cascas de vegetais, podem ser aproveitados por meio da compostagem. Nesse processo, a matéria orgânica é degradada e resulta em um composto rico em nutrientes, que pode ser utilizado em hortas e jardins como adubo.

Representação de composteira. Nela, são adicionadas camadas de serragem, solo e minhocas ao material orgânico.

a) O que acontece com os resíduos domésticos colocados na composteira?

_____
_____
_____

b) Discuta com seus colegas a importância da compostagem para as cidades.

Fluxo de energia

O Sol é a principal fonte de energia para os ecossistemas. Os produtores utilizam essa energia para produzir seu próprio alimento. Parte da energia que os produtores acumulam é utilizada para seu crescimento e desenvolvimento.

Quando um consumidor se alimenta de uma planta, aproveita apenas parte da energia. Se esse animal servir de alimento para outro, este também receberá uma quantidade menor de energia. Assim, a quantidade de energia diminui ao longo das cadeias alimentares.

O caminho da energia ao longo das cadeias alimentares é chamado **fluxo de energia**.

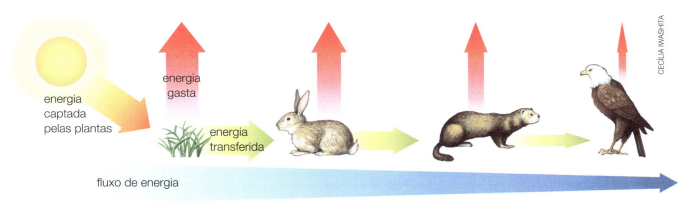

O fluxo de energia ocorre em uma única direção nas cadeias alimentares. A espessura da seta indica a quantidade de energia gasta e transferida.

Os elementos da imagem não estão em proporção. Situação não real. Cores-fantasia.

4. Leia cada frase a seguir para um colega e diga se você concorda com o que está escrito. Explique a sua resposta.

a) Nenhum animal produz seu próprio alimento, todos são consumidores.

_____

_____

b) O ser humano é um produtor porque faz seu próprio alimento.

_____

_____

c) A energia nos ecossistemas não é reciclada, ela segue um fluxo em uma única direção.

_____

_____

_____

Ciclo da matéria

Ao contrário do que acontece com a energia, que diminui ao longo da cadeia alimentar, os nutrientes e outros materiais que fazem parte da cadeia são constantemente reaproveitados, ou seja, fazem parte de um **ciclo**. Esse ciclo envolve os seres vivos e os componentes não vivos do ambiente, como a água, o ar e o solo.

Nesse ciclo da matéria, os seres vivos decompositores têm papel fundamental, pois os nutrientes e outras substâncias resultantes do processo de decomposição são devolvidos ao ambiente e reaproveitados por outros seres vivos.

Se não existisse a decomposição, a matéria orgânica se acumularia na natureza e não existiria o reaproveitamento de nutrientes.

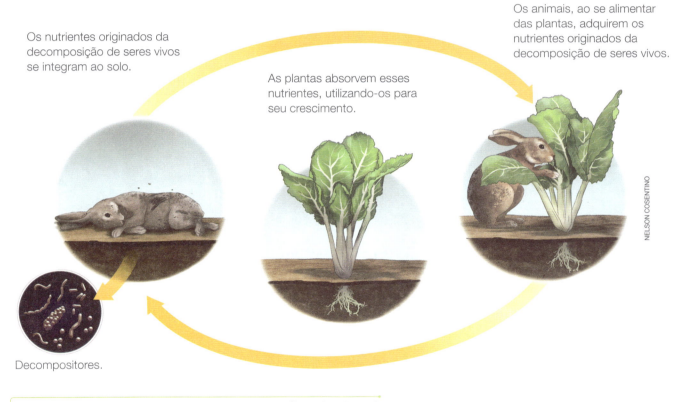

Os nutrientes originados da decomposição de seres vivos se integram ao solo.

As plantas absorvem esses nutrientes, utilizando-os para seu crescimento.

Os animais, ao se alimentar das plantas, adquirem os nutrientes originados da decomposição de seres vivos.

Decompositores.

Os elementos da imagem não estão em proporção. Situação não real.

5 Leia as afirmativas e indique com 1 ou 2 os processos envolvidos nas cadeias alimentares.

> **1** – Transferência de energia   **2** – Ciclo da matéria

a) Envolve o Sol e os seres vivos. ☐

b) Envolve a água, o ar, o solo e os seres vivos. ☐

c) Diminui ao longo da cadeia alimentar. ☐

d) Os componentes são constantemente reaproveitados. ☐

O mundo que queremos

A importância das algas

As algas, assim como as plantas, possuem clorofila e a capacidade de realizar fotossíntese, produzindo o próprio alimento. Elas podem ser encontradas em oceanos, rios, lagos e em ambientes terrestres úmidos. As algas são muito numerosas e diversificadas.

Existem algas pluricelulares, compostas de mais de uma célula, e algas unicelulares, formadas por uma única célula. Juntamente a outros microrganismos, as algas unicelulares constituem a base da alimentação de diversos organismos aquáticos.

Alga pluricelular conhecida como alface-do-mar, comum no litoral do Brasil.

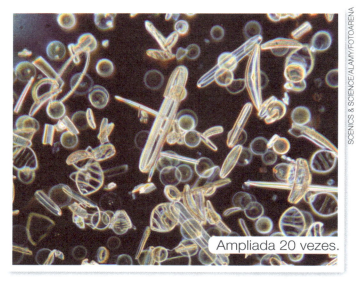

Diatomáceas, algas unicelulares que apresentam diversas formas.

Mais da metade do gás oxigênio do ar que respiramos é produzida pelas algas. Elas eliminam para a água muito mais gás oxigênio do que consomem. O excesso de gás oxigênio liberado na água passa para o ar, ficando disponível também para os organismos terrestres. Como as algas estão presentes nos oceanos, rios e lagos do planeta, ocupam uma área bem maior do que as florestas, uma vez que 70% do planeta é coberto de água.

Ilustração representando a diversidade de algas marinhas.

Compreenda a leitura

1 Circule as características das algas que foram apresentadas no texto.

> diversidade   tempo de vida   quantidade de células
>
> reprodução   comportamento   obtenção de alimento
>
> ambiente em que vivem   importância para outros organismos

2 Em que ambientes as algas são encontradas?

_____
_____
_____

3 Cite dois argumentos do texto que justifiquem a importância das algas.

_____
_____
_____
_____

Vamos fazer

4 Em grupos, elaborem um artigo para sensibilizar as pessoas sobre a importância das algas.

- Utilizem as informações do texto e, se necessário, façam uma pesquisa.
- Busquem incluir fotos, esquemas ou desenhos em seu artigo.
- Todos os membros do grupo devem reler e revisar o artigo antes de fazer a versão final.
- Reúnam os artigos de toda a turma em uma revista ou os divulguem no *site* ou na rede social da escola.

ALBERTO DE STEFANO

 Escute os colegas do grupo **com atenção e respeito**. Todas as opiniões devem ser consideradas.

CAPÍTULO 5. Outras relações entre os seres vivos

Multimídia
Por dentro de um formigueiro

As interações entre os seres vivos em um ecossistema vão além das relações alimentares. No ambiente, os seres vivos estabelecem outras interações, chamadas **relações ecológicas**. Nessas relações, é possível que dois organismos envolvidos sejam beneficiados ou que haja prejuízo para ambas as partes. Também acontece de um ser vivo ter vantagens, enquanto o outro sai prejudicado. Veja a seguir alguns exemplos.

Mutualismo

Relação em que os dois seres vivos participantes obtêm benefícios e um não consegue sobreviver sem o outro.

A relação entre a alga e o fungo forma o líquen. O fungo se beneficia do alimento produzido pela alga, e a alga se beneficia da proteção e de substâncias fornecidas pelo fungo.

Parasitismo

Relação em que dois organismos vivem juntos, e um é prejudicado, enquanto o outro é beneficiado. O ser vivo beneficiado, chamado **parasita**, instala-se no corpo de outro organismo, o **hospedeiro**. O parasita retira alimentos do corpo do hospedeiro, prejudicando-o.

Comprimento: 1 m.

As solitárias, vermes que se instalam no intestino de seres humanos, são exemplos de parasita.

Competição

Relação em que os organismos envolvidos são prejudicados, pois competem por recursos que não são suficientes para todos.

Na estação seca, as plantas de um mesmo local podem competir por água. Não há água suficiente para suprir as necessidades de todos os indivíduos. Município de Guadalupe, Piauí, 2011.

1. Leia o texto e responda às questões.

> Os cupins se alimentam de madeira, mas não conseguem digeri-la. O intestino deles abriga protozoários que fazem a digestão da madeira, o que acaba disponibilizando os nutrientes para o cupim.

a) Qual ser vivo é beneficiado na relação descrita no texto?

_____

_____

b) A relação entre cupins e protozoários é de que tipo? Por quê?

_____

_____

_____

2. Observe as imagens, leia os textos e identifique o tipo de relação mostrado. Justifique sua resposta.

Diâmetro de cada indivíduo: 3 cm.

As cracas vivem sobre rochas próximas à água do mar. Não há espaço suficiente para que todos os indivíduos se instalem.

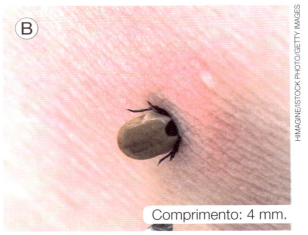

Comprimento: 4 mm.

Os carrapatos se alimentam do sangue de diversos animais, que são prejudicados com isso.

A. _____

_____

B. _____

_____

79

Camuflagem e mimetismo

Animais que caçam outros animais e deles se alimentam são chamados **predadores**. Os que são o alimento são chamados **presas**. Como surpreender uma presa ou se proteger de um predador? Conheça algumas estratégias.

Na camuflagem, o corpo do animal se parece com algum elemento do ambiente em que ele vive. Assim, é difícil perceber sua presença, o que facilita a captura de presas e evita o ataque de predadores.

Comprimento: 25 cm.

O bicho-pau pode ser confundido com galhos de árvores, por causa de sua cor, que varia entre verde e marrom, e do formato de seu corpo.

Comprimento: 40 cm.

O urutau é uma ave que pode ser confundida com troncos de árvore, por causa da cor de suas penas e da posição imóvel.

Comprimento: 10 mm.

Algumas aranhas podem ser confundidas com pétalas de flores, por causa de sua cor.

Comprimento: 15 cm.

O peixe-sapo pode ser confundido com corais no mar, por conta do aspecto de seu corpo.

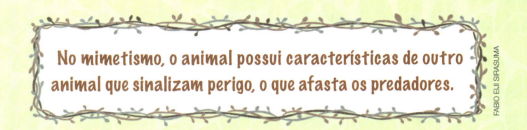

No mimetismo, o animal possui características de outro animal que sinalizam perigo, o que afasta os predadores.

A cobra-coral-venenosa produz veneno e injeta-o em sua presa. A coloração das escamas da cobra-coral-falsa é parecida com a da coral-venenosa, porém a coral-falsa não produz veneno.

Jogo
Camuflagem e adaptação

Comprimento: 70 cm.
Cobra-coral-venenosa.

Comprimento: 80 cm.
Cobra-coral-falsa.

Há espécies de aranha cujo corpo lembra o de uma formiga. Os cientistas acreditam que as aranhas com o corpo parecido com o de formigas têm mais chances de sobreviver. Os predadores de aranhas, como lagartixas, vespas e mesmo outras aranhas, evitam atacar formigas.

Comprimento: 2 cm.
Formiga-de-estalo.

Comprimento: 2 cm.
Aranha-formiga.

81

O que você aprendeu

1 Complete o esquema a seguir com as palavras do quadro.

decompositores   seres vivos   consumidores
produtores   componentes não vivos

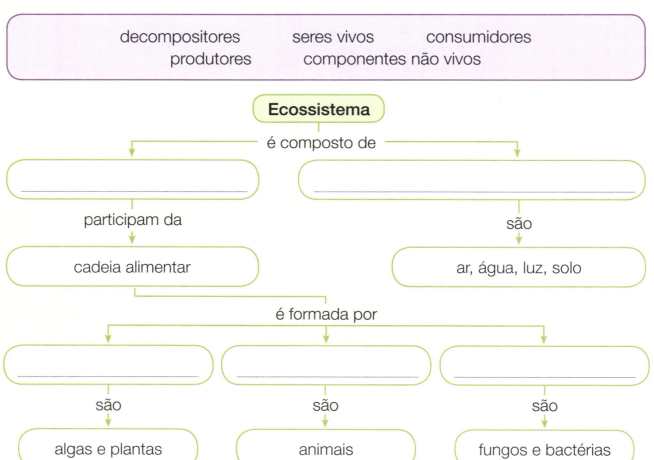

2 Leia o texto e responda.

> A arara-azul-de-lear é uma ave que vive na Bahia e está ameaçada de extinção. Ela se alimenta quase exclusivamente do fruto da palmeira licuri. Essa palmeira está ameaçada de extinção devido ao desmatamento.

a) Em sua opinião, a arara-azul-de-lear tem hábito alimentar restrito ou variado? Por quê?

_____
_____

b) O fato de a arara-azul-de-lear estar ameaçada de extinção está relacionado ao seu hábito alimentar?

_____
_____

82

3 Classifique cada um dos animais de acordo com a sua alimentação.

Comprimento: 5 cm.

O gafanhoto se alimenta de diferentes tipos de folha.

Comprimento: 2,5 m.

O jacaré-de-papo-amarelo se alimenta de peixes, caramujos, aves e pequenos mamíferos.

Comprimento: 40 cm.

O urubu-da-cabeça-preta se alimenta de restos de animais mortos.

4 Leia o texto a seguir e responda à questão.

Em uma atividade na escola os alunos tinham dois vasos com plantas iguais. O vaso **A** foi deixado próximo a uma janela e regado dia sim, dia não. O vaso **B** foi mantido em uma sala escura, com ventilação e regado da mesma forma que o **A**. Após duas semanas, a planta do vaso **B** morreu.

Alguns alunos escreveram o que eles acharam que poderia explicar o resultado da atividade:

Pedro: A planta do vaso **B** morreu porque no quarto escuro ela não conseguia absorver nutrientes do solo.

Adriana: A planta do vaso **B** morreu porque no quarto escuro ela não conseguia realizar fotossíntese.

Marcos: A planta do vaso **B** morreu porque ela recebeu muita água durante o período da atividade.

• Você concorda com qual aluno? Por quê?

O QUE VOCÊ APRENDEU

5 Quais são os organismos responsáveis pela reciclagem da matéria nas cadeias alimentares? Explique.

_____
_____
_____

6 Observe a foto e responda.

a) As folhas mortas ao redor da muda atrapalham o seu crescimento? Explique.

_____
_____
_____
_____
_____

Muda jovem de árvore.

b) Escreva um pequeno texto no caderno que relacione a imagem com o ciclo de matéria nos ecossistemas.

7 Observe o ecossistema de um rio representado no esquema a seguir.

- Converse com os colegas e reflita sobre o que aconteceria a esse ecossistema se a água do rio fosse poluída e a maioria das algas morresse.

Depois de ouvir seus colegas, **você pode rever** as suas ideias, complementando-as. Isso só tem a acrescentar ao conhecimento de todos.

Algas microscópicas presentes na água.

Representação esquemática para fins didáticos. Elementos fora de proporção. Cores-fantasia.

84

8 Leia o texto e responda às questões.

Muitos pássaros vinham ao meu jardim para se alimentar dos frutos da jabuticabeira.
Jujuba, minha gatinha, observava os pássaros e às vezes tentava capturá-los.
Um dia, ela conseguiu pegar um pássaro e o comeu rapidamente. Fiquei horrorizado!

a) Escreva a cadeia alimentar formada pelos seres mencionados acima, posicionando as setas corretamente.

_____

b) Que componente falta na cadeia alimentar para que ela fique completa?

☐ Luz do Sol ☐ Decompositores

☐ Água ☐ Produtores

9 Faça um desenho para representar o ciclo de matéria nos ecossistemas e outro para representar o fluxo de energia. Mostre a um colega e explique as semelhanças e diferenças desses fenômenos.

UNIDADE 3
A matéria e suas transformações

Vamos conversar

1. Observe o milho de pipoca. Ele é parecido com a pipoca?
2. O que é necessário para que o milho de pipoca se transforme em pipoca?
3. A transformação do milho em pipoca é reversível?
4. Você já observou outros tipos de transformação nos objetos à sua volta? Dê exemplos.

Investigar o assunto

Tudo junto vira pão

Comer um pão quentinho é sempre muito bom. Você já pensou no que acontece com os ingredientes para que se transformem no pão que você come? E o que faz o pão ficar fofinho? Vamos descobrir? Para isso, é só seguir a receita.

Ingredientes

- 6 xícaras (chá) de farinha de trigo
- 3 colheres (chá) de sal
- 1 colher (sopa) de açúcar
- 2 tabletes de fermento biológico
- 1 colher (sopa) de óleo
- meio litro de água morna

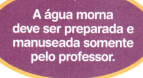

A água morna deve ser preparada e manuseada somente pelo professor.

Materiais

- 2 tigelas
- peneira
- espátula
- pano limpo
- assadeira

Passo 1.

Como você vai fazer

1. Peneire a farinha de trigo com o sal em uma tigela.

2. Em outra tigela, misture o fermento biológico com metade da água morna. Depois, adicione o açúcar e misture. Preste bastante atenção no que acontece.

Passo 2.

3. Despeje a água com o fermento e o açúcar na tigela que contém a farinha de trigo com sal e amasse com as mãos. Acrescente o restante da água e continue amassando até obter uma massa lisa.

Passo 3.

4. Polvilhe farinha em uma mesa limpa e amasse a mistura por cerca de 10 minutos, até que ela fique mais lisa e elástica.

Passo 4.

FOTOS: FERNANDO FAVORETTO

5. Faça uma bola com a massa, coloque em uma tigela e cubra com um pano limpo. Deixe-a descansar em um local à temperatura ambiente até que cresça e fique com o dobro do tamanho.

Passo 5.

6. Divida a massa em 10 partes e modele 10 pães.

7. Arrume os pães em uma assadeira untada com óleo e polvilhada com farinha. O professor vai colocá-los no forno já aquecido, em temperatura alta, e retirá-los depois de cerca de 50 minutos. Deixe esfriar um pouco e aproveite essa delícia!

Somente um adulto deve mexer no forno!

Passos 6 e 7.

Para você responder

1. O que aconteceu quando o fermento foi misturado com água e açúcar?

_____
_____

Há algo que você não entendeu na receita? **Questione!**

2. Em que estado físico encontravam-se os ingredientes que foram misturados para fazer a massa do pão? E qual era o estado físico do pão depois de pronto?

_____
_____
_____

3. O sabor do pão assado é igual ao sabor dos ingredientes misturados, sem assar? E o aroma?

_____
_____

4. O que causou a transformação da massa crua em pão assado?

_____

5. É possível reverter a transformação da massa crua em pão?

_____

Reconhecer a matéria

Matéria é tudo aquilo que ocupa espaço e tem massa. O livro que você tem em mãos, por exemplo, é constituído de matéria. Podemos saber quantos gramas ele tem e que ocupará espaço em qualquer lugar em que estiver.

A **massa** de um objeto está relacionada à quantidade de matéria. Ela é medida com o uso de uma balança. Algumas unidades de medida de massa são o quilograma e o grama.

O espaço que a matéria ocupa é o **volume**. Por exemplo, o volume de uma bola de futebol é maior que o de uma bola de pingue-pongue. Algumas das unidades de medida do espaço que a matéria ocupa são o centímetro cúbico e o metro cúbico.

O ar ocupa espaço no interior do balão e faz com que ele estique. Veja, como indicado pela balança, que o balão cheio de ar é mais pesado que o balão vazio, isso porque ele tem mais massa que o balão vazio.

1 Complete as frases com as palavras do quadro.

> matéria   chocolate   medida   massa

- Na embalagem do _____ há indicação de sua _____. Essa é uma _____ da quantidade de _____ do produto.

Os estados da matéria

A matéria ao nosso redor pode ser observada em três estados físicos: estado **sólido**, estado **líquido** e estado **gasoso**.

Os sólidos têm forma definida, independentemente de que estejam em algum recipiente ou não.

Os líquidos não têm forma definida. Eles adquirem a forma do recipiente que os contém.

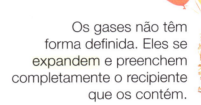

Os gases não têm forma definida. Eles se **expandem** e preenchem completamente o recipiente que os contém.

Expandem: ampliam, aumentam.

2 A vela é constituída de matéria. Responda às questões.

a) Qual é o estado físico da vela?

_____

b) A fumaça que a vela libera quando está acesa também é formada por matéria?

_____
_____

3 Analise a tabela e o gráfico e responda às questões no caderno.

Massa dos alunos	
Ana	27 kg
Mateus	30 kg
Roberta	31 kg
Tiago	30 kg

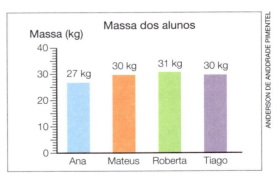

a) As informações apresentadas na tabela e no gráfico são as mesmas?

b) Qual dos alunos tem a menor massa?

c) Em sua opinião, qual das duas representações — gráfico ou tabela — é a melhor para comparar a massa dos alunos desse grupo? Por quê?

Por dentro de um laboratório

Em um laboratório de Ciências existem equipamentos que fazem a medição da massa de um objeto ou da quantidade de um líquido.

A massa de um objeto está relacionada à quantidade de matéria que o compõe, bem como ao tipo de matéria. Quando você sobe na balança para se pesar, por exemplo, você está medindo a sua massa.

Existem balanças com ponteiros e também com mostradores digitais, que são muito modernas e precisas.

Para medir a quantidade de massa de um corpo, usa-se a balança.

Existem balanças de pratos, que são mais antigas.

Algumas unidades de medida de massa são o quilograma (kg) e o grama (g).

Nos laboratórios e nas cozinhas é bastante comum usar medidas de capacidade. No caso dos laboratórios, são usados frascos que possuem marcações precisas de capacidade. Já nas cozinhas, é comum o uso de copos medidores, que têm menor precisão.

Algumas das unidades de medida de capacidade são o litro (l) e o mililitro (ml).

Balões volumétricos e provetas são usados em laboratórios, pois possuem marcações precisas de capacidade.

Transformações físicas da matéria

Uma **transformação física** ocorre quando um objeto muda, mas o material de que ele é feito continua sendo o mesmo e não há produção de substâncias novas. A transformação não altera as substâncias que formam o objeto.

Na fabricação do lápis, a madeira é cortada, lixada e furada, mas, apesar disso, continua sendo madeira. A **mudança de forma** não altera as substâncias que formam a madeira.

Fabricação de lápis

A madeira é serrada e lixada em placas com canaletas.

Os vãos são preenchidos com cola e grafite.

Outra placa de madeira reveste a inicial.

As placas são cortadas e formam o lápis.

O lápis é polido e recebe acabamento.

Lápis pronto.

Os elementos da imagem não estão em proporção.

Ao fazer um picolé caseiro, o suco de frutas passa do estado líquido para o estado sólido. Mas a **mudança de estado** não modifica as substâncias que formam o suco.

O suco natural de melancia é transformado em picolé.

1 Leia o texto e responda.

> Ana deixou seu sorvete alguns minutos ao sol enquanto brincava com seu irmão. Quando voltou, o sorvete havia derretido.

a) Em sua opinião, o que provocou o derretimento do sorvete de Ana?

_____

b) É possível reverter a mudança que ocorreu com o sorvete de Ana? Como?

_____

A **formação de misturas**, como ocorre ao juntarmos água e açúcar, não modifica as substâncias de que cada material é feito. Mesmo sem conseguirmos enxergar, o açúcar continua existindo na água.

Mistura de água e açúcar.

2 Escreva se a mudança representada é uma mudança de forma ou uma mistura.

Adicionar azeite à sopa.

Cortar a melancia em cubos.

3 Leia o texto e responda às questões.

A arte de Aleijadinho

Antônio Francisco Lisboa é o autor da escultura ao lado. Ele ficou conhecido como Aleijadinho em decorrência das sequelas de uma doença que adquiriu aos 39 anos.

Aleijadinho viveu no século 18 e foi um dos maiores escultores brasileiros de sua época. Ele esculpia figuras religiosas em madeira e em pedra-sabão. Seu trabalho pode ser visto até hoje em igrejas e monumentos em municípios de Minas Gerais.

Escultura de Aleijadinho feita entre 1794 e 1804. Município de Congonhas, Minas Gerais, 2016.

a) Quais materiais são mencionados no texto?

_____

b) O que causa a transformação do material em escultura?

_____

4 Observe a obra de arte e responda.

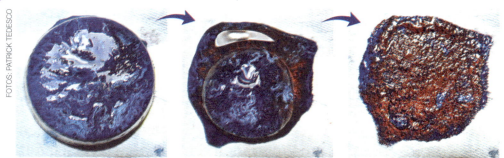

Examine com cuidado os materiais usados na obra. **Pense bem** antes de dar uma resposta.

Escultura de gelo em derretimento, de Patrick Tedesco, 2013. Esse artista trabalha com esculturas feitas de tinta e gelo em derretimento.

- Que tipo de transformação ocorreu nessa obra de arte? Justifique.

_____

_____

_____

5 Indique se a mudança representada é uma mistura (M), uma mudança de forma (F) ou mudança de estado (E).

6 Observe as imagens e responda.

- O que causou a transformação mostrada? Essa transformação modificou o material da lata?

_____

_____

_____

Mudanças de estado físico

O aquecimento e o resfriamento de um material podem provocar mudanças em seu estado físico.

Quando a água é resfriada a temperaturas abaixo de 0 °C, ela congela, passando para o estado sólido. Essa mudança de estado recebe o nome de **solidificação**.

Superfície de lago se solidificando por causa da baixa temperatura no início do inverno. Suécia, 2017.

Quando o gelo é aquecido e atinge temperaturas maiores do que 0 °C, ele derrete, ou seja, ele passa para o estado líquido. Essa mudança de estado é chamada de **fusão**.

A água líquida, quando aquecida, se transforma em vapor de água. Essa mudança de estado recebe o nome de **vaporização**. Quando deixamos as roupas molhadas no varal, elas secam lentamente. A água evapora e vai para a atmosfera na forma de vapor de água. A vaporização também pode acontecer de forma mais rápida com a formação de bolhas durante o aquecimento da água. Nesse caso, é chamada de **ebulição** ou **fervura**.

Gelo derretendo.

Durante a secagem, a água evapora das roupas.

O vapor de água se condensa ao encontrar uma superfície fria como o vidro.

Quando o vapor de água é resfriado, ele pode se transformar em água líquida. Essa mudança de estado recebe o nome de **condensação**. Isso acontece, por exemplo, quando o vapor de água liberado durante o banho encontra a superfície fria do espelho: formam-se gotas de água que deixam o espelho embaçado.

7 Leia o texto a seguir e depois responda à questão.

O pai de Juliana lavou roupas e as estendeu no varal. Entre as roupas lavadas, estava a camiseta favorita de Juliana, e a menina queria usá-la para visitar a avó mais tarde.
Juliana perguntou ao pai se ia demorar muito para a camiseta secar, e ele respondeu:
— Como hoje está frio, vai demorar um pouco, sim. Você terá que escolher outra camiseta para ir à casa da sua avó.

- Se fosse um dia quente, a camiseta secaria mais rápido? Explique.

8 O orvalho é caracterizado pela formação de pequenas gotas de água na superfície de objetos e plantas em madrugadas frias e sem chuva. Com o raiar do dia, as gotas desaparecem lentamente.

- Sabendo que o ar contém vapor de água, que mudança de estado da água deve ocorrer na formação do orvalho? E no desaparecimento das gotas?

Folha coberta por gotas de orvalho.

9 Um botijão de gás de cozinha novo tem 13 quilogramas de líquido em seu interior que se transforma em gás ao liberarmos a válvula.

a) Qual é o nome da mudança de estado que ocorre ao abrir a válvula do gás?

b) Um botijão recém-comprado tem a mesma massa que um botijão que está sendo usado há algum tempo? Explique.

98

Álbum de Ciências — Derretimento do gelo nos polos

Várias atividades humanas promovem transformações no planeta Terra.

O desmatamento, a queima de alguns combustíveis, como o óleo diesel e a gasolina, e as criações de animais liberam uma grande quantidade de gases que fazem parte da camada de ar que envolve a Terra, provocando alterações nessa camada.

Essas alterações podem estar relacionadas a um fenômeno chamado **aquecimento global**, que é o aumento das temperaturas do planeta.

Uma das consequências desse aumento das temperaturas é o derretimento do gelo e da neve que se formam nas regiões mais frias, como nos polos.

Veja as imagens da região do Ártico, em 1979 e 2012, elaboradas com dados enviados por satélites.

Imagem de satélite mostrando a quantidade de gelo no Ártico em **1979**.

Imagem de satélite mostrando a quantidade de gelo no Ártico em **2012**.

As geleiras polares possuem mais de três quartos da água doce da Terra. Elas são plataformas de alimentação e repouso para ursos-polares, focas e aves marinhas. Sem elas, esses animais correm o risco de serem extintos.

Capítulo 3. Misturas

A maioria dos materiais que existem na natureza aparece sob a forma de mistura de substâncias. Ou seja, os materiais são formados por mais de um tipo de substância. Os componentes das misturas podem ser líquidos, gasosos ou sólidos.

Ar
Mistura de gás oxigênio, gás carbônico, gás nitrogênio, vapor de água, entre outros gases.

Água do mar
Mistura de água, oxigênio, cloreto de sódio e outros minerais.

Areia
Mistura de sílica, quartzo e outros minerais.

O ar, a areia e a água do mar são exemplos de misturas de substâncias.

Há misturas em que não é possível distinguir seus componentes a olho nu. Essas misturas têm o mesmo aspecto em toda a sua extensão. Isso ocorre quando uma substância se dissolve em outra; por exemplo, quando misturamos um pouco de açúcar em um copo com água ou quando preparamos uma massa de bolo.

Massa com os ingredientes já misturados, pronta para assar e transformar-se em bolo.

1 Dê dois exemplos de materiais que são misturas de substâncias e que você utiliza no dia a dia.

Há misturas em que é possível distinguir todos ou alguns dos seus componentes. Essas misturas têm aspectos diferentes ao longo da sua extensão. Isso ocorre porque os componentes da mistura não se dissolvem. Exemplos disso são: a mistura de óleo em água e o granito (rocha formada por diferentes minerais).

Substâncias que são capazes de dissolver outras são chamadas de **solventes**, e as substâncias que se dissolvem são chamadas de **solutos**.

A água é um importante solvente, pois dissolve um grande número de substâncias. Porém, há substâncias solúveis e substâncias insolúveis em água, ou seja, nem todas as substâncias se dissolvem na água.

O granito é formado pelos minerais quartzo (incolor ou acinzentado), feldspato (cores branco, creme, rosa) e mica (responsável pelo brilho prateado e pela cor preta).

A água dissolve o sal. Portanto, o sal é solúvel em água.

A água não dissolve o óleo. Portanto, o óleo é insolúvel em água.

2 Leia o texto e responda às questões.

> A água que sai das torneiras recebe tratamento para tornar-se própria para beber. Uma das etapas do tratamento é adicionar cloro e flúor a ela. O cloro tem a função de matar microrganismos, e o mineral flúor auxilia na prevenção da cárie dentária.

a) A água da torneira é uma mistura? Por quê?

___

b) Por que não é possível distinguir os componentes da água da torneira?

___

Os metais das medalhas

As medalhas são usadas como premiação em diversas competições, como os Jogos Olímpicos e Paralímpicos. Nesses jogos, o primeiro colocado ganha uma medalha de ouro, o segundo colocado ganha uma medalha de prata e o terceiro colocado ganha uma medalha de bronze.

Geralmente, as medalhas são feitas a partir de **ligas metálicas**, ou seja, alguns materiais são misturados para formar outros metais.

Veja a seguir a composição das medalhas usadas nos Jogos Olímpicos e Paralímpicos do Rio de Janeiro, em 2016.

A medalha de prata é composta de cerca de 100% de prata.

As fitas utilizadas para prender as medalhas olímpicas de 2016 foram feitas a partir de garrafas PET recicladas.

Separação de misturas

Conheça alguns métodos para separar os componentes das misturas.

A **catação** é utilizada para separar dois ou mais componentes sólidos. Esse processo consiste na separação manual dos materiais.

Pelo processo de catação é possível retirar pequenas pedras ou grãos estragados em meio às sementes de feijão.

A **filtração** é uma forma de separar líquidos e sólidos, como água e areia, por exemplo. Para fazer a filtração, é necessário utilizar materiais que apresentem minúsculos orifícios, para que a parte líquida passe por eles e a parte sólida fique retida. É o que ocorre quando coamos o café.

A **separação magnética** é usada para separar misturas entre sólidos quando um dos componentes é um metal. O método é baseado na força de atração de um ímã sobre materiais metálicos.

O coador funciona como um filtro que retém o pó de café e permite a passagem do líquido.

O ímã preso ao guindaste separa alguns dos materiais metálicos do restante dos resíduos.

3 Imagine uma mistura de água, areia e folhas. Que método você usaria para separar as impurezas da água? Por quê?

_____

_____

104

Pela **evaporação**, separa-se o sal dissolvido na água. Isso é possível porque, durante o processo de aquecimento, o sal não evapora com a água.

Nas salinas, a água do mar evapora e o sal é agrupado em montes.

A **decantação** consiste na separação dos materiais sólidos presentes em um líquido. Deixando a mistura em repouso, os materiais sólidos que não se dissolveram tendem a se acumular no fundo do recipiente.

O açúcar que não foi dissolvido na água tende a se acumular no fundo do copo por decantação.

Na **destilação**, separam-se substâncias de uma mistura de líquidos. A mistura é aquecida, e a substância com temperatura de ebulição mais baixa vaporiza-se. Quando entra em contato com a superfície fria do recipiente, a substância se condensa, voltando ao estado líquido e caindo em um recipiente separado.

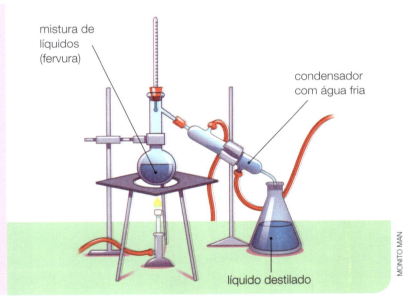

4 Marque um **X** na mistura que só pode ser separada pelo processo de destilação.

☐ Fubá misturado à água.

☐ Pedaços de plástico misturados a pedaços de ferro.

☐ Acetona misturada à água.

Para ler e escrever melhor

> O texto a seguir **descreve as etapas** de um processo.

Destilação do petróleo

O petróleo é uma mistura encontrada em determinadas regiões do subsolo. Seus componentes são utilizados como fonte de energia para meios de transporte, na geração de energia elétrica e como matéria-prima de diversos produtos.

Para ser usado, o petróleo deve passar por um processo chamado **destilação fracionada**, para a separação de seus componentes. As principais **etapas** dessa técnica são as seguintes:

I. O processo de destilação começa com o petróleo sendo aquecido em um forno a uma temperatura de aproximadamente 600 °C.

II. A maioria dos componentes que formam o petróleo entra em ebulição, passando do estado líquido para o estado gasoso.

III. Os vapores formados entram em uma coluna longa, que tem bandejas em diferentes alturas para captar os componentes de acordo com as suas temperaturas de ebulição, nas quais eles vão retornar ao estado líquido.

IV. A substância com o menor ponto de ebulição vai se condensar no ponto mais alto da coluna. Já as substâncias com pontos de ebulição maiores se condensarão em partes inferiores da coluna. Dessa forma os produtos são separados.

V. As bandejas da coluna de destilação recolhem os líquidos formados, encaminhando-os para diferentes tanques de armazenamento.

Os principais produtos separados durante a destilação fracionada do petróleo são o óleo lubrificante, usado em diversas máquinas; o óleo diesel, usado como combustível de caminhões; o querosene, usado como combustível de aviões; a gasolina, usada como combustível de automóveis; e o gás de cozinha.

Tanques de petróleo da Refinaria Landulpho Alves. Município de São Francisco do Conde, Bahia, 2015.

Analise

1 Qual é o processo descrito no texto e para que ele serve?

_____

_____

_____

Organize

2 As frases abaixo se referem a algumas etapas do processo descrito no texto. Identifique o número de cada etapa.

a) Os líquidos formados são recolhidos e armazenados. _____

b) O petróleo é aquecido em um forno. _____

c) Os vapores formados entram na coluna de destilação. _____

d) Os componentes do petróleo entram em ebulição. _____

e) Os vapores sobem pela coluna de destilação e se condensam. _____

Escreva

3 O esquema abaixo mostra as principais etapas do processo de tratamento da água.

Captação: a água é bombeada das represas ou dos rios para as estações de tratamento. →

Floculação: algumas substâncias adicionadas à água aderem à sujeira, que fica agrupada em flocos. →

Decantação: os flocos de sujeira vão para o fundo do tanque e são separados da água. ↓

Filtração: a água passa por filtros de areia e pedra, onde as partículas menores ficam retidas. ←

Cloração: é adicionado cloro à água para matar microrganismos, como vírus e bactérias, que possam ter restado nela. ←

Fluoretação: é adicionado flúor à água, o que ajuda na prevenção das cáries dentárias.

- No caderno, escreva um texto descrevendo as etapas do processo de tratamento da água. Não se esqueça de incluir uma pequena orientação sobre a importância de consumir água tratada.

Seja criativo ao escrever o seu texto. Para enriquecê-lo, procure outras informações sobre o processo de tratamento da água e a sua importância.

107

Capítulo 4 — Transformações químicas da matéria

Algumas transformações alteram as substâncias de que o material é constituído. Elas são chamadas **transformações químicas**.

Geralmente, podemos perceber que uma transformação desse tipo acontece quando há produção de gás, mudança de cor, produção de luz ou calor, entre outros. Como as mudanças ocorrem nos materiais que compõem os objetos, essas transformações são frequentemente irreversíveis.

Veja alguns exemplos de transformações químicas.

Quando um pedaço de madeira queima, ele muda suas características e se transforma em carvão ou cinzas. A queima da madeira produz gás carbônico, que se espalha pelo ar.

O cozimento modifica os ingredientes de um bolo. Podemos perceber essa transformação pelas mudanças de cor, sabor, odor e consistência.

1 Quais mudanças, no seu dia a dia, você citaria como exemplos de transformações químicas?

_____
_____
_____

2 Considere as seguintes tarefas realizadas em uma cozinha. Marque as alternativas que envolvem transformações químicas.

a) Aquecer uma panela de alumínio.

b) Acender um fósforo.

c) Ferver água.

d) Queimar açúcar para fazer caramelo.

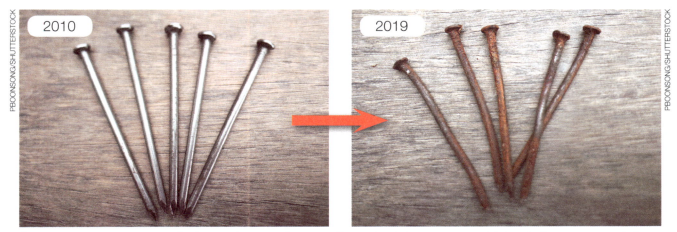

Pregos expostos ao ar e à chuva durante 9 anos. Quando deixamos um objeto de ferro em contato com o ar por muito tempo, ele sofre uma transformação. Nesse processo, dá-se origem à ferrugem, que tem cor e aspecto diferentes do ferro.

O processo de fotossíntese, pelo qual as plantas produzem seu próprio alimento, também é uma transformação química. Nele, o gás carbônico e a água, na presença de luz, são transformados em açúcares, que servem de alimento para a planta, e em oxigênio, que é liberado para o ambiente.

Durante o processo de amadurecimento de alguns frutos, ocorre a transformação de várias substâncias, o que leva a mudanças de sabor, tornando-os mais adocicados, e de cor, quando os frutos esverdeados assumem a coloração de frutos maduros.

3 As transformações listadas a seguir foram provocadas pelo aquecimento dos materiais. Indique quais delas são reversíveis (R) e quais são irreversíveis (I).

- [ ] Papel queimado.
- [ ] Ovo cozido.
- [ ] Água fervendo.
- [ ] Ferro derretido.
- [ ] Gelo derretido.
- [ ] Arroz cozido.

Cozinhar é transformar os alimentos

O preparo dos alimentos e pratos envolve a transformação dos ingredientes. Veja a seguir parte do preparo da massa de pastel.

Depois que a massa fica pronta, colocamos o recheio e fritamos. As características como cor, sabor, odor e consistência do pastel mudam quando ele é frito.

As características da massa do pastel mudam após a fritura.

4. Assar, cozinhar e fritar são ações que transformam os alimentos. O que causa essas transformações? Elas são reversíveis ou irreversíveis? Explique.

_____
_____
_____
_____

5. Marque um X nos alimentos que passaram por transformações químicas.

6. Pesquise com os seus familiares uma receita tradicional da sua família que envolva transformações químicas.
   - Descreva os ingredientes e o modo de preparo da receita.

O mundo que queremos

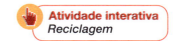

Reciclagem de materiais

Compramos um brinquedo e jogamos a caixa fora, comemos um iogurte e jogamos o potinho fora, tomamos um refrigerante e jogamos a latinha fora. Geralmente, o consumo de produtos é seguido pelo ato de jogar fora sacos, garrafas, potes, latas etc.

São toneladas de materiais jogadas no lixo diariamente. Mas não é todo material que passa rapidamente pelas transformações químicas da decomposição. Muitos deles duram anos, até séculos, e se acumulam nos lixões e aterros.

Uma das formas de diminuir a quantidade de lixo é a reciclagem, ou seja, transformar o material que iria ser jogado fora em matéria-prima novamente.

O vidro, o alumínio, o plástico e o papel são materiais que, em vez de ir para os lixões, podem voltar para as indústrias e ser transformados em matéria-prima para fazer novos objetos.

O alumínio é o metal mais reciclado no país. O esquema abaixo mostra algumas de suas etapas de reciclagem.

Fonte: Esquema elaborado com base no *site* da Recicloteca. Disponível em: <http://mod.lk/reciclot>. Acesso em: 11 jun. 2018.

Compreenda a leitura

1. Qual é a importância da reciclagem de materiais?

2. Quais objetos podem ser reciclados?

3. Em sua opinião, além da reciclagem, que outra mudança de comportamento pode ajudar a reduzir a quantidade de lixo produzido?

Vamos fazer

4. Organizem-se em grupos e pesquisem sobre a reciclagem dos materiais. Escolham um destes materiais para fazer a pesquisa: metal, plástico, papel ou vidro. Para organizar a pesquisa, utilizem o seguinte roteiro:
   - Nos recipientes destinados ao lixo reciclável, qual é a cor referente ao material que seu grupo está pesquisando?
   - O que deve ser feito com o material antes de jogá-lo no lixo?
   - Que transformações ele sofre durante o processo de reciclagem?

5. Ao final da pesquisa, sua turma terá muitas informações sobre a reciclagem dos materiais. Organizem com o professor uma campanha de divulgação. Compartilhem esse conhecimento com a comunidade escolar e os familiares.

 No processo de criação desta atividade, **escute a opinião** de outras pessoas e, com elas, torne o seu trabalho melhor.

O que você aprendeu

1 Complete o diagrama com as palavras do quadro.

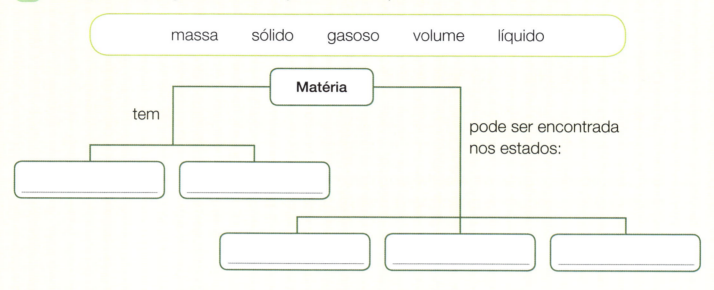

2 Observe a imagem e responda às questões.

a) As duas bolas têm a mesma massa?

_____

b) Qual é a massa de cada bola?

Bola de vôlei: _____.

Bola de boliche: _____.

c) Qual é a unidade de medida de massa que aparece nas balanças?

_____

3 José construiu uma casinha para seu cachorro. Para isso, ele teve que serrar tábuas de madeira, colá-las e pregá-las. Em sua opinião, houve transformação nesse processo? Responda no caderno.

4 As imagens mostram um alimento saudável que apodreceu.

a) Descreva as mudanças que ocorreram com o alimento após 2 meses.
_____
_____

b) Ao apodrecerem, os alimentos também passam a liberar um cheiro desagradável. O surgimento desse cheiro é um sinal de que houve uma transformação? Explique.
_____
_____
_____

c) Que tipo de transformação ocorreu com esse alimento: uma transformação física ou química? Justifique.
_____
_____
_____
_____

5 Leia o texto e responda.

> Joana faz compostagem com restos de alimentos, principalmente cascas de frutos e sobras de hortaliças. No processo, ela mistura os restos de alimentos a folhas secas do jardim e espera para que os decompositores atuem transformando tudo em um composto rico em nutrientes que as plantas conseguem absorver. Ela usa esse composto para adubar as plantas que cultiva em casa.

• Qual tipo de transformação está descrito no texto? Explique.
_____
_____
_____
_____

115

O QUE VOCÊ APRENDEU

6 Aconteceu alguma transformação química no preparo do pão durante a atividade da seção *Investigar o assunto*? Qual?

7 Complete o esquema com os termos do quadro.

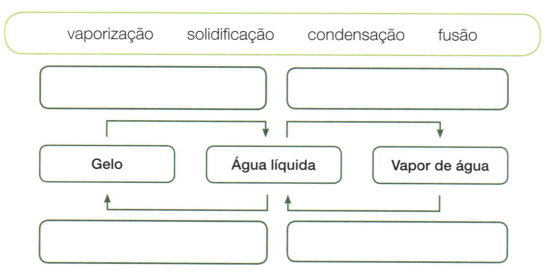

vaporização   solidificação   condensação   fusão

Gelo — Água líquida — Vapor de água

8 Leia o rótulo do produto da imagem a seguir e responda às questões.

a) O que significa a palavra "solúvel" escrita nele?

b) Quais produtos utilizados em seu dia a dia são solúveis em água?

c) Cite pelo menos quatro substâncias que não são solúveis em água.

116

9 Leia o texto e responda às questões.

Origami é uma arte tradicional japonesa. Ela consiste em criar representações de alguns seres vivos ou objetos usando apenas dobras geométricas de uma folha de papel, sem recortá-la ou colá-la.

a) O que está representado pelo *origami* da imagem ao lado?

_____

b) Por qual tipo de transformação, química ou física, o papel passou para a produção do *origami*? Por quê?

_____
_____
_____

10 Leia o texto.

Antônio é pedreiro e precisa preparar um pouco de concreto para construir a calçada de uma casa. Para isso, ele mistura água, cimento e brita (pequenas pedras). Parte da água promove algumas mudanças nos componentes do cimento, tornando-os flexíveis e maleáveis. O restante da água vai evaporar, fazendo o concreto secar.

- Reproduza o trecho do texto que indica:

a) que o concreto é uma mistura.

_____
_____

b) uma mudança de estado físico da água.

_____
_____

c) uma alteração química.

_____
_____

O QUE VOCÊ APRENDEU

11 Observe as imagens e leia as legendas.
- Depois relacione corretamente as atividades das imagens com os processos de separação de misturas.

> A. Decantação B. Catação
> C. Filtração D. Destilação fracionada

Filtro de barro: um dos mais usados no Brasil.

Amostra de sangue retirada para exame. Após ser agitado, o sangue é deixado em repouso e as células que o formam se acumulam no fundo do tubo.

Pessoas separando os resíduos em usina de reciclagem.

Refinaria de petróleo no município de Betim, Minas Gerais, 2013.

12 Leia a frase, observe a imagem e responda às questões.

> O petróleo é uma mistura de substâncias, como a gasolina, o querosene e o óleo lubrificante.

Frasco com petróleo.

a) É possível distinguir visualmente as substâncias que compõem o petróleo? Por quê?

_____

_____

b) Como as substâncias podem ser separadas?

_____

_____

13 Em uma aula sobre as transformações dos materiais, alguns alunos fizeram as seguintes afirmações.

ANA: O cozimento de um alimento, como o arroz, provoca transformações irreversíveis em seus componentes.

MIGUEL: O aquecimento sempre provoca mudanças reversíveis nos materiais.

PAULA: O resfriamento da água até a formação de gelo é um processo irreversível.

a) Quais alunos estavam errados?

_____

b) Reescreva as afirmações deles, corrigindo-as.

_____

_____

_____

_____

_____

UNIDADE 4

Aprender com o céu

Vamos conversar

1. Observe com atenção as duas cenas. Elas retratam o mesmo lugar em horas diferentes do dia. Quais diferenças você identifica entre essas imagens?
2. Você já reparou que o céu muda ao longo da noite? Se sim, o que você já observou?
3. Você acha que é possível ver mais estrelas no céu em um local bem iluminado ou sem iluminação?

Investigar o assunto

Amanhecer e entardecer

Você sabia que houve uma época em que as pessoas não tinham um instrumento que pudesse ajudá-las a se localizar? Elas utilizavam os elementos que viam no céu para se orientar.

O que você vai fazer

Observar e registrar as posições do Sol pela manhã e ao final da tarde durante alguns dias da semana.

Não olhe diretamente para o Sol. Isso pode machucar seus olhos.

Material

- livro
- lápis de colorir

Como você vai fazer

1. Escolha um local para iniciar seus registros. Eles podem ser feitos na área externa de sua casa, como o quintal ou a varanda. O importante é que seja um local em que você consiga observar o céu.

2. Realize as observações sempre nos mesmos horários: de manhã, bem cedinho, e ao final da tarde. Você pode pedir a ajuda dos seus responsáveis nessa tarefa.

3. Em cada um dos quadros da página seguinte, você vai usar um dos lados do retângulo para o registro da manhã e o outro lado, para o registro da tarde.

4. Desenhe os elementos que você observou nesse ambiente em cada período. Não se esqueça de colocar a data e o dia da semana em que foi feita sua observação.

5. Você deverá repetir esse procedimento durante 6 dias.

Meus registros

Data: _____	Data: _____
Dia da semana: _____	Dia da semana: _____
Manhã / Tarde	Manhã / Tarde

Data: _____	Data: _____
Dia da semana: _____	Dia da semana: _____
Manhã / Tarde	Manhã / Tarde

Data: _____	Data: _____
Dia da semana: _____	Dia da semana: _____
Manhã / Tarde	Manhã / Tarde

Para você responder

- Sobre o movimento do Sol no céu, responda:

   a) Ele "aparece" sempre no mesmo lugar?

   b) E, quando ele "desaparece" no céu, também é sempre na mesma posição?

CAPÍTULO 1 — As informações que estão no céu

O céu sempre despertou a curiosidade dos seres humanos, o que os levou a pesquisar, descobrir e aprender muitas informações sobre a localização e o movimento dos corpos celestes.

Esse conhecimento é importante para que as pessoas consigam se orientar. No passado, a observação do céu era muito utilizada por viajantes e marinheiros que tinham que fazer viagens muito longas.

Os ciclos e a percepção da passagem do tempo

Observando os corpos celestes ao longo do tempo, o ser humano percebeu alguns ciclos regulares. Os primeiros ciclos observados foram o do movimento aparente do Sol no céu, produzindo dias e noites, e a mudança de aparência da Lua ao longo de um mês.

Ao se perceber esse padrão, foi possível estabelecer uma das primeiras formas de contar o tempo.

Com o passar do tempo, foram identificados ciclos mais complexos no deslocamento aparente das estrelas no céu noturno, com os quais foi possível prever quais eram os períodos de calor e de frio, de chuva e de secas. Assim, o ser humano pôde planejar melhor o tempo de plantar e de colher, desenvolvendo técnicas de agricultura.

1. Com um colega, invente uma forma de medir o tempo sem usar o relógio. Depois, compartilhem com a turma a invenção de vocês.

A duração dos dias e das noites varia ao longo do ano e é um fenômeno cíclico. Entardecer visto de Ipanema, no município do Rio de Janeiro, Rio de Janeiro, 2017.

O desenvolvimento da Astronomia

A ciência que estuda os corpos celestes é a **Astronomia**. No passado, os estudiosos de Astronomia acreditavam que o Sol e as estrelas giravam em torno da Terra, por causa de seu movimento aparente no céu. Esse modelo recebeu o nome de **geocêntrico**.

Uma grande revolução na Astronomia aconteceu quando o astrônomo italiano Galileu Galilei, que viveu de 1564 a 1642, passou a utilizar a luneta para observar os astros. Apesar de ser bem simples, a luneta de Galileu o ajudou a descobrir planetas e satélites naturais. Suas observações ajudaram a criar o **modelo heliocêntrico**, que propunha que a Terra girava em torno do Sol.

Antes de Galileu, o astrônomo polonês Nicolau Copérnico, que viveu de 1473 a 1543, já havia defendido um modelo matemático propondo que não era o Sol que girava em torno da Terra, mas, sim, o contrário. A legitimação do modelo heliocêntrico foi feita por cálculos elaborados pelo astrônomo alemão Johannes Kepler, que viveu de 1571 a 1630, a partir do aperfeiçoamento de lunetas e telescópios.

Hoje o modelo heliocêntrico é o mais aceito, e, por causa da divulgação científica, as descobertas astronômicas são rapidamente conhecidas pela população.

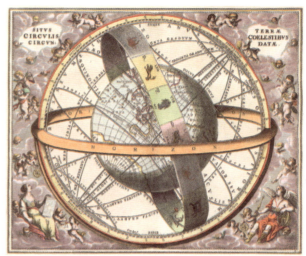

Nessa representação, a Terra é o centro do Universo. Ilustração de Andreas Cellarius, publicada em seu *Atlas celestial*, de 1660.

Legitimação: comprovação; validação.

Nessa representação, a Terra e os demais astros giram em torno do Sol. Ilustração de Andreas Cellarius, publicada no *Atlas celestial*, de 1660.

2 Leia a frase a seguir e responda.

> O conhecimento sobre os corpos celestes e seus movimentos não mudou muito desde o surgimento da Astronomia.

- Você concorda com essa frase? Explique.

_____

_____

Para ler e escrever melhor

> O texto a seguir **descreve** o trabalho dos astrônomos.

O astrônomo

O astrônomo é um profissional que **estuda** o Universo. Ele formula perguntas sobre a origem, as formas, as transformações, os movimentos e as características dos corpos celestes.

Para estudar os astros, o astrônomo **utiliza** telescópios e computadores. Os telescópios podem ser instalados em observatórios na Terra ou em satélites no espaço. O astrônomo não precisa ficar observando o céu o tempo todo. Ele **analisa** as imagens e dados capturados por telescópios em computadores.

Com as informações coletadas e com o auxílio da tecnologia, esse cientista **procura** respostas para as perguntas sobre o Universo.

O Observatório do Pico dos Dias fica entre os municípios de Brazópolis e Piranguçu, no estado de Minas Gerais. Ele é utilizado para a realização de diversas pesquisas por astrônomos.

Analise

1. Assinale os aspectos do trabalho do astrônomo descritos no texto.

   ☐ O que o astrônomo estuda. ☐ Com quem o astrônomo trabalha.

   ☐ Local em que ele trabalha. ☐ O que o astrônomo analisa.

   ☐ Instrumentos que ele utiliza. ☐ Quanto tempo ele trabalha.

2. Numere as etapas do trabalho do astrônomo na ordem correta.

   ☐ Utiliza telescópios para coletar dados.

   ☐ Procura respostas para as perguntas.

   ☐ Analisa imagens e dados.

   ☐ Formula perguntas.

Organize

3 Preencha o esquema com as informações do texto.

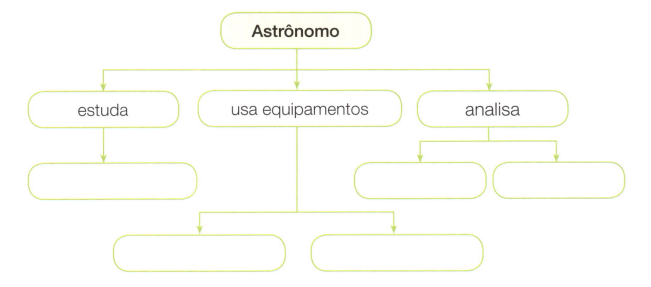

Escreva

4 Veja algumas informações sobre o astronauta no esquema a seguir.

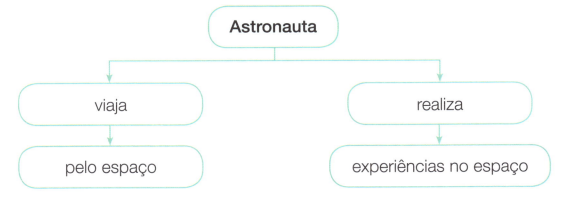

- Agora, escreva um texto descrevendo o trabalho do astronauta. Você pode pesquisar outras informações além das apresentadas no esquema.
Não se esqueça de dar um título para o seu texto.

  Use a criatividade ao escrever o texto! Pesquise outras informações sobre o trabalho dos astronautas em fontes confiáveis. Se julgar necessário, use fotos ou desenhos para enriquecer o seu texto.

Astronauta em uma missão espacial, em 2015.

CAPÍTULO 2

Os astros e a passagem do tempo

Fenômenos cíclicos são eventos que se repetem de tempos em tempos. O dia e a noite, as estações do ano, os períodos de seca e de chuva são alguns exemplos de fenômenos cíclicos da natureza.

Os dias e as horas

O dia corresponde ao tempo aproximado que a Terra demora para completar uma volta em torno de si mesma. Durante esse movimento, parte da superfície da Terra está direcionada para o Sol (onde é dia); a outra parte não recebe a luz solar (onde é noite).

Por que o dia é dividido em horas?

Dividir o tempo apenas em dia e noite não é suficiente para que as pessoas consigam organizar sua rotina.

A primeira divisão do dia em períodos menores conhecida foi feita há mais de 3 mil anos pela civilização egípcia. Eles dividiram o tempo de um dia em 12 horas entre cada "nascer" e cada "pôr" do Sol.

Os antigos egípcios usavam uma vareta fincada no chão e marcavam as horas por meio do comprimento e da direção da sombra dessa vareta projetada pelo Sol. Essa vareta é chamada de **gnômon**.

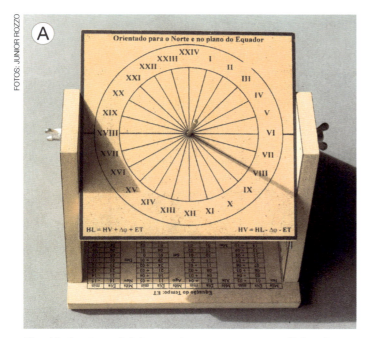
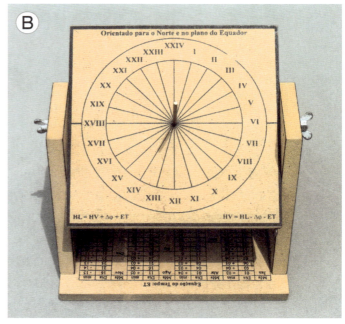

O relógio de sol é formado por uma superfície plana que serve de mostrador, linhas indicando as horas e o gnômon, que projeta a sombra do Sol no mostrador. Conforme muda a posição do Sol no céu, a posição e o tamanho da sombra mudam e, assim, as horas do dia são marcadas. Em **A**, o relógio marca oito horas da manhã, em 15 de janeiro de 2018. Em **B**, o relógio marca duas horas da tarde, na mesma data. As imagens foram feitas no município de São Paulo, estado de São Paulo.

Havia um problema em contar as horas por meio de sombras projetadas pelo Sol. O período de claro e de escuro de um dia varia com o passar do tempo e depende da região do planeta. Além disso, não era possível saber as horas durante a noite.

Apenas quando foram feitos cálculos matemáticos para determinar quanto tempo durava um dia é que se pôde determinar exatamente em quantas horas ele deveria ser dividido. Assim, o dia é dividido em **24 horas**.

1 Observe a imagem abaixo, leia o texto e responda às questões.

O relógio de sol localizado na Praça Tiradentes, em Curitiba, foi inaugurado em 1857 e marca a hora das 7 da manhã até as 6 da tarde.

a) Circule o gnômon na fotografia.

Vá com calma! Pense bem antes de responder às questões.

b) Qual horário o relógio está marcando?

_____

c) Por que esse relógio não marca os outros horários?

_____

_____

As semanas e os meses

Outra forma que as pessoas encontraram para contar a passagem do tempo foi observar a mudança de aparência da Lua a cada dia. Essa mudança é cíclica e gradual, mas quatro **fases** foram nomeadas. Um ciclo dura aproximadamente 29 dias. O período entre a repetição de uma mesma fase (ou seja, entre duas Luas Cheias, por exemplo) foi utilizado para determinar a duração de um **mês**.

Fases da Lua

Na **Lua Cheia**, toda a face da Lua que está voltada para a Terra fica iluminada.

No **Quarto Minguante**, metade da face da Lua que está voltada para a Terra fica iluminada.

Na **Lua Nova**, o Sol não ilumina a face da Lua voltada para a Terra. Por causa disso, não conseguimos enxergar a Lua nesse período.

O **Quarto Crescente** é parecido com o Minguante. No entanto, é a outra metade da Lua que fica iluminada.

A duração de uma **semana**, 7 dias, foi definida com base na duração de cada aparência da Lua no céu.

2 Que relação há entre a Lua e o calendário?

_____
_____
_____

130

O ano

A prática da agricultura fez com que os seres humanos passassem a planejar a época do plantio e da colheita. Para isso, a observação dos ritmos da natureza e dos astros do céu, como da Lua e do Sol, foi muito importante.

Com o passar do tempo, diversos povos identificaram quatro períodos que se distinguiam claramente e que se sucediam ao longo do tempo. Atualmente, chamamos esses períodos de estações do ano: primavera, verão, outono e inverno.

As estações do ano

O **outono** começa no dia 20 de março, no hemisfério sul. No outono, as noites tornam-se, aos poucos, mais longas. Há uma redução na quantidade de chuvas em algumas regiões. As temperaturas ficam mais amenas.

O **inverno** começa no dia 21 de junho, no hemisfério sul. Nessa estação, os dias são mais curtos que as noites. As temperaturas são mais frias, chegando a ficar abaixo de zero em algumas cidades. É comum a ocorrência de nevoeiros. Em algumas regiões do país, o inverno corresponde à estação seca.

A **primavera** começa em 22 de setembro, no hemisfério sul. Nessa estação, a duração do dia passa a aumentar, ficando semelhante à duração da noite. É um período de temperaturas amenas. Nas regiões de inverno mais seco, a primavera marca a transição entre a estação seca e a chuvosa.

O **verão** começa no dia 21 de dezembro, no hemisfério sul. No verão, os dias são mais longos que as noites. Período de temperaturas elevadas e de chuvas fortes, mas que duram pouco. Essas chuvas ocorrem principalmente à tarde.

Alguns povos antigos concluíram que o retorno das estações se dava após doze ou treze ciclos completos de fases da Lua (ou seja, quando uma fase volta a se repetir). Esse período corresponde aproximadamente ao que hoje chamamos de **ano**.

Também foram necessários diversos cálculos para determinar de forma mais precisa quanto dura um ano. Os pesquisadores descobriram que o ano é o tempo que a Terra demora para dar uma volta completa em torno do Sol. Esse período dura 365 dias e 6 horas, e é dividido em 12 meses, que duram entre 28 e 31 dias.

3 Com um colega, compare os desenhos e responda.

Abaixo, está uma representação esquemática do município de Porto Alegre, no Rio Grande do Sul, em 23 de julho de 2019 e em 23 de dezembro de 2019.

a) Em qual das imagens é possível dizer que está representado um dia de verão? Justifique sua resposta.

_____
_____
_____

b) Nesse lugar, a que horas o Sol "nasce" no verão? A que horas ele se "põe"?

_____
_____
_____

c) Por quantas horas aproximadamente o Sol fica visível no céu nesse dia de verão em Porto Alegre? E no inverno?

_____
_____
_____

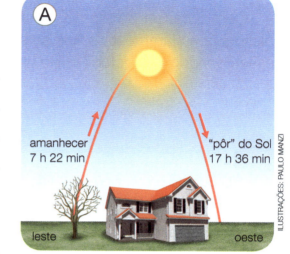
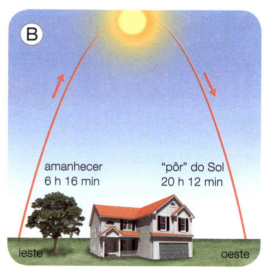

4 Leia o texto e responda no caderno.

O horário de verão

Na primavera e no verão, os dias são mais longos que as noites. Para aproveitar a maior quantidade de horas de luz do Sol, o governo instituiu o horário de verão em algumas regiões brasileiras. Em outubro, a maioria dos estados adianta seus relógios em uma hora. Dessa forma, também há diminuição no consumo de energia elétrica.

- No seu estado há horário de verão? Que medidas você e sua escola adotam para economizar energia durante os meses em que não há horário de verão?

Álbum de Ciências — As estações do ano no Brasil

O Brasil é um país muito extenso. Se observarmos a posição dele em um planisfério, veremos que o Brasil, ao norte, ultrapassa a linha imaginária chamada Equador e, ao sul, a outra linha imaginária, chamada de Trópico de Capricórnio.

Extenso: de grande tamanho.

Os pesquisadores que estudam o clima estabeleceram faixas dentro das quais as regiões têm características parecidas. Por exemplo, a grande faixa que vai do Trópico de Câncer, ao norte do Equador, até o Trópico de Capricórnio é considerada uma região de clima tropical. Essa faixa, por receber mais luz e calor do Sol o ano inteiro, apresenta temperaturas anuais mais elevadas. Dessa forma, fica mais difícil perceber variações significativas ao longo do tempo com a mudança das estações. Assim, em algumas localidades é possível identificar as diferenças apenas entre duas estações: uma seca e uma chuvosa.

Ao contrário, nas regiões fora dessa faixa (regiões de clima temperado), são registradas as temperaturas mais baixas, e as diferenças entre as estações do ano são mais perceptíveis.

Zonas climáticas

No Brasil há duas zonas climáticas: a tropical, com temperaturas mais amenas, e a temperada, com temperaturas mais baixas.

Fonte: IBGE. *Atlas geográfico escolar*. 6 ed. Rio de Janeiro: IBGE, 2012.

133

CAPÍTULO 3

Os calendários

Que dia do mês é hoje? Quando é seu aniversário? E o aniversário de sua cidade? Quando começam as férias escolares?

Para responder a essas perguntas, nós usamos uma forma de contar o tempo que se baseia em dias, semanas, meses e anos. Assim, para saber quando algo aconteceu ou para fazer planejamentos, usamos um **calendário**.

Além de os calendários nos ajudarem a contar a passagem dos dias, eles nos auxiliam na organização das tarefas diárias, semanais, mensais e também de todo um ano.

Observe o calendário da Luciana como exemplo.

Nesse calendário, os dias marcados por um X são aqueles que já se passaram. Os dias que estão circulados representam as datas em que Luciana participará de um campeonato de *videogame*. Ela fez essas marcas para não se esquecer das datas importantes.

1 Observe novamente o calendário de Luciana. Note que o dia 7 está destacado, por ser uma data comemorativa. Você sabe o que é comemorado nesse dia?

_____

_____

2 Converse com um colega: vocês acham melhor organizar as tarefas da semana e do mês em uma agenda com as datas ou em um bloco de notas? Por quê?

_____

_____

Escute as opiniões dos colegas e **respeite** as decisões de cada um. Cada pessoa tem um modo particular de organizar suas tarefas e rotinas.

Diferentes culturas, diferentes calendários

Você sabia que diferentes calendários são utilizados no mundo? Cada um dos diversos povos existentes escolheu um evento considerado importante para iniciar a contagem do tempo. Geralmente, trata-se de uma data importante para esses povos.

Calendário gregoriano

No calendário gregoriano, usado na maior parte do mundo, um ano comum compreende 365 dias. Como a Terra leva 365 dias e 6 horas para dar a volta em torno do Sol, a cada quatro anos há um ajuste para "compensar" essas 6 horas a mais que existem em cada ano. Por isso, a cada quatro anos há um ano de 366 dias – o chamado **ano bissexto**, em que o mês de fevereiro passa a ter 29 dias. Esse calendário é o que utilizamos oficialmente em nosso país.

No calendário gregoriano o ano se inicia em 1º de janeiro. Comemoração de ano-novo em Recife, no estado de Pernambuco, em 2018.

Calendário indígena

Alguns povos indígenas utilizam diferentes elementos do céu e da terra para marcar a passagem do tempo. Alguns usam, por exemplo, o ciclo da Lua; outros utilizam a cheia dos rios, a mudança de estações do ano e as atividades agrícolas.

Observe ao lado como é a representação do calendário do povo indígena Tuyuka, que vive no estado do Amazonas.

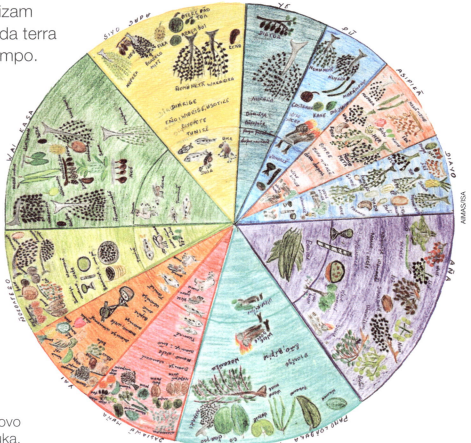

Calendário do povo indígena Tuyuka.

135

O mundo que queremos

Conhecendo alguns calendários

O tempo passa igualmente para todas as pessoas, mas cada povo tem uma cultura diferente e isso reflete na forma como é marcada essa passagem. Vamos conhecer outros tipos de calendário.

Calendário maia

Foi o calendário mais elaborado das civilizações que viviam nas Américas na época da chegada dos portugueses ao Brasil. O calendário maia utiliza o ciclo solar com 365 dias, agrupados em 18 meses de 20 dias e mais 5 dias que não pertencem a nenhum mês e são acrescentados ao calendário para completar o ano.

Na cultura maia acreditava-se que o nosso planeta tinha uma existência de cinco grandes ciclos, e cada um desses ciclos tinha a duração de 5.125 anos.

Representação do calendário maia.

Calendário chinês

O calendário da cultura chinesa faz uma combinação entre o ciclo solar e o ciclo da Lua.

A cada 12 anos, um ciclo é completado, e dentro dele cada ano recebe o nome de um dos 12 animais correspondentes ao horóscopo chinês. São eles: rato, boi, tigre, coelho, dragão, serpente, cavalo, carneiro, macaco, galo, cão e porco.

Representação do calendário chinês.

Compreenda a leitura

1 Quais são os calendários apresentados no texto?

2 No calendário maia, em quantos meses estão divididos os 365 dias do ano?

3 Tanto o calendário maia como o calendário chinês estabelecem ciclos. Qual é a duração desses ciclos em cada um desses calendários?

Vamos fazer

Agora que você já sabe como o tempo é medido e conhece alguns dos calendários utilizados por diferentes povos, é hora de aprofundar os conhecimentos e divulgá-los para as pessoas.

  4 Em duplas, pesquisem dois calendários de outras culturas. Fiquem atentos à relação da Astronomia com a criação desses calendários.

✓ Destaquem o encarte da página 175 e preencham o quadro com as informações pesquisadas, comparando os calendários.

✓ Façam um cartaz divulgando os resultados. Colem o quadro comparativo no cartaz e enfatizem ao público como a Astronomia influenciou a produção desses calendários.

 Como vocês podem organizar a exposição dos cartazes para que fique mais atrativa e interessante? Usem a **criatividade** para chamar a atenção do público!

CAPÍTULO 4

Orientação no espaço

Ao longo de nossa vida, temos a necessidade de nos orientar em diversas situações, como para saber onde estamos e de que modo podemos chegar aonde queremos ir.

Podemos nos localizar usando **pontos de referência**, ou seja, elementos que podemos usar como guia para saber onde estamos, como edifícios, placas de trânsito e árvores.

1 Observe a imagem, leia o texto e responda às questões.

> Elisa e Diego estão em férias e chegaram à rodoviária da cidade. Mas eles não sabem como chegar ao hotel Nina, em que ficarão hospedados.

a) Que orientações você daria para eles chegarem ao hotel Nina?

_____

_____

b) Se eles forem a outro hotel, as indicações podem ser as mesmas? Por quê?

_____

_____

2 Elisa e Diego pediram ajuda para encontrar uma farmácia na cidade.

- A orientação dada pelo homem está correta? Por quê?

_____

_____

Orientação utilizando o Sol

Você sabia que as palavras "nascer" e "pôr" são usadas porque os povos antigos acreditavam que a cada dia "nascia" um novo Sol e à tarde ele se punha abaixo do horizonte para "morrer"?

Hoje sabemos que isso não é verdade, pois o Sol "nasce" e "se põe" por causa do movimento de rotação do planeta Terra, responsável pela ocorrência dos dias e das noites. Mesmo assim, as expressões "nascer do Sol" e "pôr do Sol" ainda são muito utilizadas por nós. Por isso, a região onde o Sol "nasce" recebe o nome de **nascente**, e a região onde ele "se põe" recebe o nome de **poente**.

3 Você acha que é possível se localizar utilizando a posição do Sol no céu como referência?

_____

_____

Os pontos cardeais

Os pontos de referência variam de acordo com a localidade. Por isso, ao percorrer distâncias maiores, é preciso utilizar referências mais confiáveis.

Os pontos cardeais são pontos de referência universais, ou seja, podem ser utilizados em qualquer parte do mundo. São eles: leste (L), oeste (O), norte (N) e sul (S).

Podemos nos orientar conhecendo as regiões do nascente e do poente do Sol. O Sol "nasce" na direção leste e "se põe" na direção oeste.

Sol como referencial

Se você abrir os braços com a mão direita apontando para o lado do nascente, ela indicará a direção leste. A direção oeste estará do lado oposto. À sua frente, estará a direção norte, e às suas costas, estará a direção sul.

139

Álbum de Ciências — Rosa dos ventos

A rosa dos ventos é uma figura presente em mapas e bússolas, tanto antigos como novos. Ela é utilizada atualmente para indicar os pontos cardeais principais – norte (N), sul (S), leste (L) e oeste (O) – e também para indicar os pontos colaterais – nordeste (NE), sudeste (SE), noroeste (NO) e sudoeste (SO). Os pontos colaterais tornam a localização mais precisa.

Ao longo da história, a rosa dos ventos passou por muitas transformações. Antigamente, o desenho dela era mais parecido com as pétalas de uma rosa. Com o passar do tempo, esse desenho foi sendo simplificado.

Outra mudança foi em sua função. Inicialmente, a rosa dos ventos foi criada para indicar as direções de onde vinham os principais ventos. Nessa época, os povos adotavam nomes e significados diferentes para cada um desses ventos. Atualmente, a rosa dos ventos é mais usada para indicar os pontos cardeais.

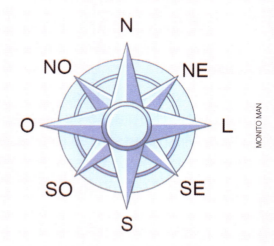

Rosa dos ventos moderna indicando pontos cardeais e pontos colaterais.

A primeira rosa dos ventos encontrada em um mapa está em um livro produzido por volta de 1375. Os nomes dos ventos e suas respectivas direções eram: Tramontana – norte; Greco – nordeste; Levante – leste; Siroco – sudeste; Ostro – sul; Libeccio – sudoeste; Ponente – oeste; Maestro – noroeste.

4 Observe ao lado a representação esquemática de uma rosa dos ventos e responda às questões.

a) O número 4 indica a direção leste. Que direção os números 1, 2 e 3 indicam?

_____

_____

b) Qual número indica a direção onde o Sol "nasce"? E onde ele "se põe"?

_____

_____

Elementos fora de proporção.

5 Veja a imagem a seguir e, de acordo com a rosa dos ventos, responda.

Representação sem escala para fins didáticos.

a) O que há ao norte do restaurante?

_____

b) O que há ao sul do cinema?

_____

c) O que há a oeste dos correios?

_____

d) O que há a leste da farmácia?

_____

Aplique o que você já sabe sobre a orientação com base nos pontos cardeais para resolver esta atividade.

Instrumentos de orientação

Durante muito tempo, o Sol foi usado como principal referência para a orientação, já que todos os dias ele aparece a leste e desaparece a oeste. Com o tempo, surgiram outros instrumentos usados na orientação e na localização. Vamos conhecer um pouco mais sobre eles.

Bússola

Desenvolvida há mais de 2 mil anos, a bússola foi um dos primeiros instrumentos inventados para ajudar a determinar as direções. Ela facilitou a exploração marítima e possibilitou uma grande revolução no comércio mundial.

O funcionamento da bússola é baseado na utilização de ímãs, objetos capazes de atrair alguns metais. A bússola é composta de uma agulha de metal que funciona como um ímã e gira sobre um eixo.

Já a Terra funciona como um grande "ímã natural", com um polo norte magnético e um polo sul magnético.

O polo norte magnético tem quase a mesma direção que o sul geográfico, enquanto o polo magnético sul é alinhado, aproximadamente, com o norte geográfico.

Como os polos opostos de um ímã se atraem, a agulha da bússola é atraída pelo polo sul magnético. Por essa razão, a agulha de uma bússola sempre indica a direção norte.

A bússola é ainda muito utilizada hoje em dia, na navegação marítima e aérea, por exemplo.

Os pontos cardeais, nas bússolas, são geralmente representados pela sigla em inglês: N, norte; S, sul; W, oeste; E, leste.

Astrolábio

Esse instrumento foi desenvolvido por gregos que precisavam resolver problemas matemáticos. Com o tempo, ele se tornou um instrumento muito importante, pois permitia também determinar as horas do dia e, posteriormente, foi adaptado para a navegação.

Na navegação, era usado por marinheiros para determinar sua localização no mar com base na distância do Sol ou de outras estrelas da linha do horizonte. Assim, eles conseguiam determinar sua distância em relação à Linha do Equador.

Astrolábio, instrumento de medição de distância de astros, desenvolvido por volta do ano 400.

Sistema de Posicionamento Global

O Sistema de Posicionamento Global (ou simplesmente GPS, sigla do nome em inglês) é um sistema de localização desenvolvido na década de 1960. Ele utiliza a informação de satélites que orbitam a Terra para localizar, com grande precisão, objetos e pessoas.

Hoje em dia, é utilizado por aplicativos de mapas para saber a localização atual do aparelho e traçar rotas, para acompanhar a trajetória de embarcações e aviões, entre outros usos.

A tecnologia GPS está presente em muitos modelos de relógios e celulares. Esse equipamento revolucionou a navegação, permitindo que as pessoas localizem com grande precisão qualquer lugar no planeta. Existem até dispositivos com GPS para colocar na coleira de animais de estimação. Caso eles se percam, é possível encontrá-los facilmente.

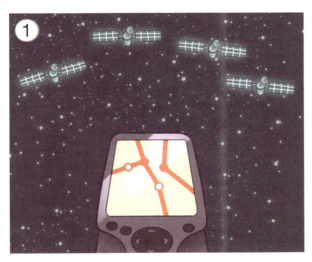

O GPS se conecta por meio de uma antena a quatro satélites que estão em órbita ao redor da Terra.

O cálculo da distância desses quatro satélites em relação ao aparelho de GPS permite conhecer a localização exata do equipamento.

Essa informação, então, é recebida pelo aparelho receptor.

 6 Você já viu algum dos intrumentos de orientação apresentados nessas páginas? Qual? Em que situação ele estava sendo usado? Conte aos colegas e ao professor.

O que você aprendeu

1 Por que a observação dos astros foi importante para a criação dos calendários?

_____
_____
_____

2 Complete a ficha abaixo a respeito do dia de hoje.

Dia: _____ Mês: _____ Ano: _____

Dia da semana que é hoje:
_____

Fase da Lua de hoje:
_____

Estação do ano:
_____

Temperatura do dia:
_____

Complete o relógio ao lado com o horário atual.

3 Complete o quadro abaixo com a duração de cada período, de acordo com o calendário gregoriano.

- Ano: _____ meses ou _____ dias.
- Mês: _____, _____, _____ ou _____ dias.
- Semana: _____ dias.
- Dia: _____ horas.

4 Observe a seguir o calendário de alguns povos indígenas que vivem no Parque Indígena do Xingu.

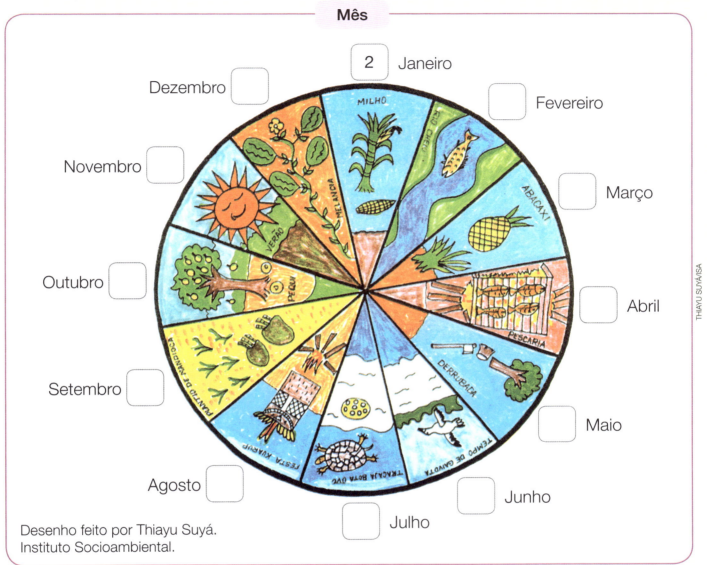

Desenho feito por Thiayu Suyá.
Instituto Socioambiental.

- Agora, escreva ao lado de cada mês o número que descreve corretamente o que ele representa. O primeiro número já foi escrito.

Acontecimento

1. Mês de chuvas e época da cheia dos rios.
2. Época de colher milho.
3. Festa do *Kuarup*.
4. Época de derrubada da mata para o plantio.
5. Época de pescaria.
6. Tempo de gaivota.
7. Chegada do verão.
8. Tempo de abacaxi.
9. Época de melancia.
10. Mês em que as tartarugas botam ovos.
11. Época em que amadurece o pequi.
12. Plantio de mandioca.

O QUE VOCÊ APRENDEU

5 Leia o texto e responda às questões.

Localizando tamanduás-bandeira

O tamanduá-bandeira é um animal "vulnerável" que, no estado de São Paulo, está ameaçado de extinção [...] em função da perda e alteração do seu *habitat*, atropelamentos, caça, queimada, conflitos com cães e uso de agrotóxicos. [...]

Para fazer o monitoramento dos tamanduás-bandeira, [foi utilizado] o GPS (*Global Positioning System*) em oito animais por aproximadamente 91 dias. O aparelho possibilitou o controle em vida livre desses mamíferos, revelando o tamanho da área utilizada por eles; o compartilhamento do espaço geográfico; a forma como interagem; e as áreas preferencialmente usadas ou até mesmo [pouco utilizadas] pela espécie.

AGÊNCIA FAPESP. *Tamanduá-bandeira em risco de extinção no Cerrado de São Paulo*. 28 ago. 2017. Disponível em: <http://mod.lk/gpstaman>. Acesso em: 11 jul. 2018.

Comprimento do adulto: 2 m.

a) De acordo com o texto, quais informações puderam ser obtidas pelo GPS?

_____
_____
_____

b) Explique, com suas palavras, por que a utilização do GPS pode ajudar a preservar os tamanduás-bandeira.

_____
_____
_____

6 Responda:

a) O que é uma bússola?

_____

_____

b) Em quais meios de transporte a bússola é mais utilizada?

_____

_____

7 Observe a imagem ao lado, leia o texto e responda às questões.

> Américo Vespúcio (1454-1512) foi um navegador e geógrafo italiano. Fez grandes viagens de navio, atravessando oceanos.

a) Considerando o ano em que Américo Vespúcio nasceu, quais equipamentos de navegação ele tinha à disposição para fazer as viagens de navio?

_____

_____

_____

Américo Vespúcio usando um instrumento de navegação. Gravura de cobre colorizada.

b) Por que não era possível usar um gnômon para determinar a direção dos pontos cardeais nessas viagens?

_____

_____

c) Além da direção, o que mais um astrolábio pode indicar?

_____

d) Atualmente, qual é o instrumento de navegação mais utilizado? Por quê?

_____

Suplemento de atividades práticas

Sumário

UNIDADE 1

1. Pão mofado 150
2. Folheto educativo 152

UNIDADE 2

1. As plantas transpiram? 154
2. Jogo da cadeia alimentar 156

UNIDADE 3

1. Fazendo picolé 158
2. A solubilidade do sal em água 159
3. Separando a tinta da água 160
4. Transformação do leite em massa de modelar 162

UNIDADE 4

1. Localizando os pontos cardeais 164
2. Construindo uma bússola 166

UNIDADE 1

1 Experimento

Pão mofado

Você já viu um alimento estragado ou sentiu seu cheiro? Apesar de seu aspecto desagradável, podemos aprender muito observando o que acontece a um pão enquanto ele estraga.

O que você vai fazer

Observar e registrar o que acontece com o pão deixado em diferentes condições.

Material

- 6 sacos plásticos transparentes
- 6 fatias de pão
- 6 bolinhas de algodão
- água
- 6 elásticos
- 6 etiquetas

Como você vai fazer

1. Em grupos, coloquem uma fatia de pão em cada saco plástico.

2. Umedeçam três bolinhas de algodão com água. Coloquem cada bolinha de algodão úmido em um saco diferente e as bolinhas de algodão seco nos outros três sacos.

3. Fechem os sacos plásticos com os elásticos.

4. Com as etiquetas, identifiquem os sacos. Informem a data em que foram preparados e se o algodão em seu interior está úmido ou seco.

5. Em seguida, coloquem um saco com algodão úmido e um saco com algodão seco em três locais diferentes: no refrigerador, no interior de um armário e em outro local escolhido pelo grupo.

6. Anotem na etiqueta o local em que o pão foi colocado.

7. Agora, vocês vão observar durante cinco dias o que acontece com as fatias de pão em cada um desses locais.

8. Façam o registro das observações na tabela destacável da página 169. Lembrem-se de anotar a data da observação e de indicar o terceiro lugar escolhido pelo grupo.

9. Para ter um registro mais completo, vocês também podem desenhar o aspecto do pão ou tirar fotos.

Para você responder

1. Em que condições você acha que o pão vai estragar mais rapidamente? Por quê?

   _____
   _____

   > Provavelmente, **você já viu** um alimento estragado. Lembre-se dessa experiência para responder a essa questão.

2. Passados cinco dias de observação, discuta com os colegas do seu grupo as questões a seguir. Depois, escrevam as conclusões de vocês.

   a) Em que condições o pão estragou mais rapidamente? Como ele ficou?

   _____
   _____
   _____

   b) Em que condições o pão estragou mais lentamente? Como ele ficou?

   _____
   _____
   _____

   c) Que explicação vocês dariam para o que foi observado?

   _____
   _____
   _____

3. Discutam os resultados com o restante da turma. Revejam as conclusões, levando em consideração os resultados de todos os grupos.

151

UNIDADE 1
2 Divulgação

Folheto educativo

O conhecimento sobre os microrganismos que causam doenças é muito importante para a saúde pública. É preciso que todas as pessoas se informem sobre as situações em que há risco de contrair doenças e tenham atitudes que ajudem a evitá-las, especialmente as doenças mais comuns no lugar onde vivem.

Uma maneira de ajudar é organizar campanhas educativas. Com informação adequada, é muito mais fácil agir de forma correta.

O que você vai fazer

Elaborar um folheto educativo sobre uma doença comum no seu bairro ou na sua cidade.

Como você vai fazer

Etapa 1: levantando informações sobre a doença

1. Entreviste algumas pessoas da sua comunidade para saber que doenças elas contraíram recentemente.

2. Reúnam-se em grupos e escolham uma das doenças citadas pelos entrevistados para pesquisar a respeito. Procurem informações em livros, em revistas ou na internet.

3. Procurem imagens que possam ajudar a informar as pessoas a respeito da doença e de sua prevenção.

Etapa 2: levantando informações sobre o folheto educativo

1. Com o professor, organizem uma visita a um posto de saúde da região. Observem os materiais de divulgação que estão disponíveis: cartazes, vídeos e folhetos. Se for possível, coletem alguns exemplares de folhetos educativos para servirem de inspiração para o que vocês vão produzir.

2. Observem com mais atenção como são os folhetos educativos distribuídos nos postos de saúde. Reparem no tipo de informação que eles fornecem, se apresentam imagens, se têm muito texto etc.

Etapa 3: produzindo um folheto educativo

1. Preparem um esboço do folheto. Planejem o tipo e o tamanho do papel que vocês vão utilizar, o tamanho da letra, a quantidade de figuras. Organizem as informações e as imagens que julgarem importantes e montem o folheto.

2. Vocês podem tirar cópias dos folhetos e distribuí-las para as pessoas de sua comunidade. Leiam também os folhetos produzidos pelos colegas. Se preferirem, montem, com o professor, o folheto no computador e divulguem-no em redes sociais ou aplicativos de mensagens.

Para você responder

1. Após ter feito essa atividade, o que você aprendeu sobre as doenças que afetam sua comunidade? Você acha que esse aprendizado foi transmitido a outras pessoas? Converse com a turma.

2. Observe a ilustração abaixo, que mostra alguns meios de comunicação.

- Em sua opinião, que importância cada meio de comunicação tem na divulgação de informações sobre prevenção de doenças e cuidados com a saúde?

1 Experimento

As plantas transpiram?

Parte da água que forma o corpo dos animais terrestres é perdida para o ambiente na forma de vapor. Esse fenômeno é chamado de **transpiração**.

Todos os animais terrestres transpiram.

E as plantas? Elas também transpiram? Como podemos perceber esse fenômeno nas plantas?

O que você vai fazer

Observar se existe transpiração nas plantas.

Material

- ✔ vaso com uma planta ou uma planta do pátio da escola
- ✔ saco plástico transparente
- ✔ barbante
- ✔ tesoura com pontas arredondadas

ILUSTRAÇÕES DAYANE RAVEN

Como você vai fazer

 1. Forme grupos. Cada grupo deverá colocar uma das ramificações (galho) da planta dentro do saco plástico transparente e amarrar com barbante.

2. Coloquem o vaso ao sol durante 15 minutos. No caso de utilizar plantas do pátio da escola, prefiram as plantas que estejam ao sol.

 • Enquanto esperam, registrem o que vocês imaginam que vai acontecer.

_____

_____

_____

Questione-se, levante hipóteses sobre os resultados desse experimento. Vá além das observações, **elaborando perguntas** sobre o porquê dos resultados.

Para você responder

1. Faça um desenho representando como ficaram os galhos envolvidos pelo saco plástico no início e após os 15 minutos ao sol.

Início	Após 15 minutos

2. O que você observou no interior do saco?

_____

_____

3. Releia o que vocês escreveram na página anterior e compare com o resultado obtido. Aconteceu o que vocês esperavam? O que houve de diferente?

_____

_____

4. Com base no que você observou, é possível afirmar que as plantas transpiram? Explique.

_____

_____

5. A perda excessiva de água pela transpiração pode ser um problema para os seres vivos? Por quê?

_____

_____

_____

155

UNIDADE 2

2 Bricadeira

Jogo da cadeia alimentar

Na natureza, as cadeias alimentares não se mantêm isoladas umas das outras. Produtores, consumidores e decompositores normalmente fazem parte de diversas cadeias ao mesmo tempo. Por exemplo, uma planta pode servir de alimento para um inseto e uma ave, enquanto um mamífero pode se alimentar de frutos e também de invertebrados.

O que você vai fazer

Montar uma cadeia alimentar e desafiar os colegas a descobrir "quem come o quê".

Material

✓ fichas com as informações dos seres vivos nas páginas 171 e 173
✓ lápis de cor ou canetas coloridas

Como você vai fazer

1. Em grupos, utilizem as informações das fichas para montar uma cadeia alimentar.

2. Com base nas informações das cartas, cada pessoa deverá pensar em uma cadeia alimentar possível. Utilizem o espaço disponível na página ao lado para representar sua cadeia alimentar. Não deixem os outros grupos descobrirem como será a cadeia de vocês.

3. Após todos terem feito sua representação, começa a rodada de perguntas para descobrir a cadeia alimentar que cada um montou. Um por vez deverá responder às perguntas dos colegas. As perguntas devem ser respondidas apenas com "sim" ou "não". Por exemplo: "O produtor dessa cadeia tem flores amarelas?", "O primeiro consumidor dessa cadeia tem uma cauda longa?".

4. Os colegas devem se revezar ao fazer as perguntas. Quando alguém achar que já sabe como é toda a cadeia alimentar, deve esperar sua vez para pegar as cartas da mesa e ordená-las na sequência da cadeia alimentar representada pelo colega. Se ele acertar, ganha um ponto. Se errar, deve sair da rodada.

5. Na rodada seguinte, outro colega passa a responder às perguntas. As rodadas seguem até que todos tenham respondido.

6. É possível criar outras cartas com plantas e animais da sua região e inventar novas possibilidades de cadeia alimentar.

Minha cadeia alimentar

Para você responder

- Considerando o que vocês aprenderam sobre as cadeias alimentares, discutam em grupos as situações abaixo.

   a) Um inseticida foi lançado em uma lavoura, eliminando inúmeros insetos. O que acontecerá com as cadeias alimentares das quais os insetos fazem parte?

   b) Um produto químico foi lançado em um rio, afetando as algas. O que ocorrerá com os lambaris, as traíras e os outros peixes que habitam o rio?

   c) Uma seca intensa eliminou toda a vegetação rasteira, até mesmo o capim, de uma região. O que acontecerá com os seres que se alimentam dele?

UNIDADE 3
1 Receita

Fazendo picolé

Você sabe como é feito um picolé? Leia a receita e observe as ilustrações. Depois, prepare o picolé para toda a classe desfrutar dessa delícia.

Ingredientes

- 1 lata de leite condensado
- 600 ml de suco de limão ou de maracujá

Material

- palitos de sorvete
- forma de gelo
- tigela

Passo 1.

Como você vai fazer

1. Junte todos os ingredientes na tigela e misture bem.

2. Depois, coloque a mistura em uma forma de gelo. Coloque a forma com a mistura no congelador por 2 horas. Retire-a e espete os palitos de sorvete.

3. Coloque novamente a forma no congelador por 12 horas.

4. Desenforme os picolés e aproveite!

Passo 2.

Passo 4.

Para você responder

1. Qual é o estado físico dos ingredientes usados na receita?

2. Qual é o estado físico da mistura dos ingredientes?

3. Qual é o estado físico da mistura depois de ter ficado no congelador?

4. O que fez com que a mistura mudasse de estado físico?

5. Por que o picolé ficou com a mesma forma dos espaços da forma de gelo?

2 Experimento

A solubilidade do sal em água

O que você vai fazer

Investigar a quantidade de sal que pode ser dissolvida em 100 ml de água.

Material

- 1 copo de plástico transparente
- 1 colher pequena
- 1 copo medidor
- sal
- água

Como você vai fazer

1. Forme um grupo com alguns colegas. Utilizando o copo medidor, coloquem 100 ml de água no copo.

2. Adicionem 1 colher de sal e mexam. Observem o que acontece.

3. Continuem adicionando colheres de sal e mexendo. Contem quantas colheres vocês colocaram.

Para você responder

1. Quantas colheres de sal vocês colocaram até não conseguirem mais dissolvê-lo na água?

   _____

2. Como vocês perceberam que o sal não estava mais se dissolvendo na água?

   _____

3. O que você faria para dissolver o sal que ficou no copo? Discuta com a turma.

UNIDADE 3

3 Experimento

Separando a tinta da água

O que você vai fazer

Separar uma mistura de água e tinta guache usando a evaporação.

Material

- bacia de plástico
- copo de plástico transparente
- funil
- tinta guache de qualquer cor
- massa de modelar
- 1 litro de água
- pedaço de filme plástico utilizado na cozinha

Os elementos da imagem estão fora de proporção.

Como você vai fazer

1. Fixe o copo ao fundo da bacia com um pedaço de massa de modelar.
2. Misture um pouco de tinta guache com a água.
3. Coloque a mistura de água e tinta na bacia, ao redor do copo.
4. Coloque o funil sobre o copo.
5. Cubra a bacia com o filme plástico.

Passos 1 e 2.

Passos 3, 4 e 5.

6. Sobre o centro do plástico, na direção do copo, coloque uma bola feita de massa de modelar, para funcionar como um peso.

7. Deixe a montagem ao sol durante um dia.

Representação esquemática da montagem do experimento.

Fonte: Atividade adaptada de SCHIEL, D. e ORLANDI, A. S. *Ensino de Ciências por investigação*. São Carlos: CDCC, 2009. p. 68.

Para você responder

1. Explique o que está acontecendo na sua montagem.
   _____
   _____
   _____

2. Qual é a cor da água que está sendo coletada no copo?
   _____
   _____

3. Pode-se substituir o peso colocado sobre o plástico por cubos de gelo. Em sua opinião, essa substituição aceleraria ou reduziria a velocidade com que a água é coletada no copo? Por quê?
   _____
   _____
   _____

4. Você acha que esse método poderia ser utilizado para separar uma mistura de água e sal? Por quê?
   _____
   _____
   _____

161

UNIDADE 3

4 Experimento

Transformação do leite em massa de modelar

O que você vai fazer

Produzir um material novo a partir de uma mistura com leite e vinagre.

Material

- 200 ml de leite quente
- 1 filtro de papel
- 20 ml de vinagre de maçã
- 1 espátula
- 1 colher
- 1 funil
- 1 copo alto
- moldes plásticos diversos

Como você vai fazer

 1. Forme um grupo com alguns colegas. O professor vai providenciar a quantidade certa de leite quente e de vinagre para cada grupo.

Somente um adulto deve mexer no leite quente!

2. Com a ajuda do professor, acrescentem o vinagre ao leite quente. Mexam a mistura até observar a formação de uma substância parecida com coalho.

3. Coloquem o funil no copo alto. Ajustem o filtro de papel no funil.

4. Quando a mistura esfriar, despejem a mistura de leite com vinagre no funil.

ILUSTRAÇÕES: DAYANE RAVEN

5. Depois da filtração de toda a mistura, retirem o filtro de papel do funil.

6. Com o auxílio da espátula, raspem a substância retida no filtro de papel. Modelem-na usando os moldes e esperem alguns dias até endurecer.

Para você responder

1. Qual é o estado do vinagre e do leite antes de se misturarem?
   _____
   _____

2. Qual é o aspecto do vinagre e do leite quando são misturados?
   _____
   _____

3. Qual é o aspecto da substância depois de endurecida?
   _____
   _____

4. Que tipo de transformação da matéria você observou nesse experimento? Por quê?
   _____
   _____

5. Você acha que a temperatura do leite ou a quantidade de vinagre podem alterar o resultado do experimento? De que forma você pode testar sua hipótese?
   _____
   _____
   _____

UNIDADE 4

1 Experimento

Localizando os pontos cardeais

O que você vai fazer

Encontrar os pontos cardeais utilizando o movimento aparente do Sol como referência.

Material

- haste vertical de madeira ou tubo de PVC (cerca de 30 centímetros)
- duas estacas de madeira
- régua
- esquadro
- giz
- barbante

Como você vai fazer

1. Em um local ensolarado, inserir a haste no chão e utilizar o esquadro para conferir se ela está posicionada perpendicularmente ao solo (90°).

2. Pela manhã, marcar onde termina a sombra projetada pela haste, fincando na extremidade uma estaca de madeira no solo.

3. Amarrar um pedaço de barbante à base da haste e esticá-lo até a estaca.

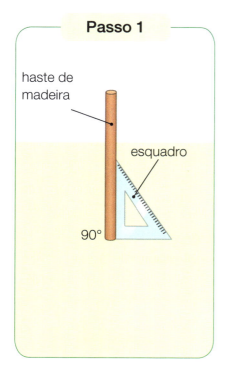

Passo 1

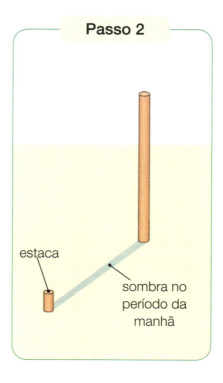

Passo 2

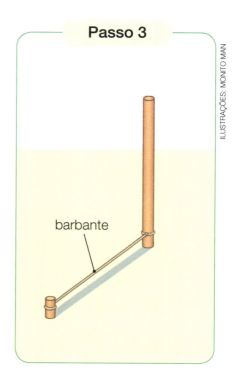

Passo 3

ILUSTRAÇÕES: MONITO MAN

Reprodução proibida. Art. 184 do Código Penal e Lei 9.610 de 19 de fevereiro de 1998.

164

4. Na ponta do barbante, prender o giz e traçar uma curva, como se fosse desenhar metade de um círculo, da esquerda para a direita, partindo da estaca.

5. No período da tarde, verificar novamente a posição da sombra a cada uma hora até o momento em que a sombra da haste tocar novamente o arco traçado por você. Marque com outra estaca.

6. Ligue os pontos onde se encontram as duas estacas e, depois, ligue-os à haste, formando assim um triângulo.

7. A reta que une as estacas indica as posições leste e oeste; traçando uma linha perpendicular a ela a partir da posição da haste, temos o norte e o sul.

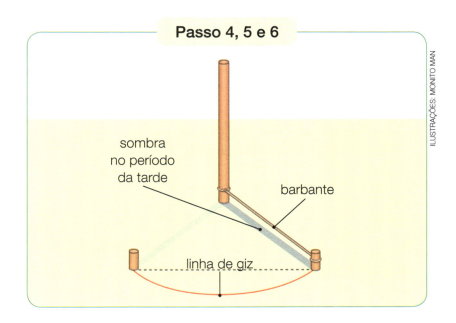

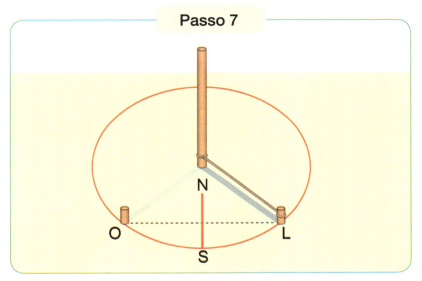

Para você responder

1. Após a montagem, procure determinar a posição de alguns locais ao seu redor, como a das janelas de algumas salas de aula, do portão de entrada da escola, da rua etc., utilizando os pontos cardeais.

2. Podemos afirmar que a direção norte é orientada para cima? Justifique sua resposta.

UNIDADE 4

2 Construção de modelo

Construindo uma bússola

Vamos entender na prática como funciona uma bússola.

O que você vai fazer

Construir uma bússola caseira.

Material

- agulha
- ímã
- folha de cortiça
- papel sulfite
- cumbuca de plástico transparente
- tesoura com pontas arredondadas
- lápis
- fita-crepe
- cola bastão

Como você vai fazer

1. Coloque a cumbuca sobre a folha de papel, usando a parte de baixo como molde. Marque um círculo na folha.

Passo 1.

2. Dentro desse círculo, marque os pontos cardeais. Em seguida, corte esse círculo.

3. Usando a cola bastão, cole o papel no fundo da cumbuca.

4. Coloque a cola bastão sobre a folha de cortiça, usando-a como molde. Marque um círculo na cortiça.
A seguir, com a ajuda do professor, corte esse círculo.

Passo 2.

5. Com muito cuidado, passe o ímã sobre a agulha trinta vezes. Fazendo isso, a agulha fica imantada, ou seja, ela se torna um ímã durante algum tempo.

6. Com a ajuda do professor, prenda a agulha na cortiça usando a fita-crepe.

7. Ponha na cumbuca um pouco de água.

8. Coloque a cortiça com a agulha sobre a água. Pronto! Você construiu uma bússola.

Passo 6.

Passo 8.

Para você responder

1. Compare a bússola do seu amigo com a sua. Elas têm algo em comum?

2. Leve sua bússola para outro lugar da sala. Enquanto você se move, o que acontece com a agulha?

3. Refaça a construção da bússola, mas não faça o quinto passo. Quais são as diferenças entre os dois resultados?

4. Qual é a sua hipótese para as diferenças entre as duas construções de modelo?

Tabela para anotar os dados referentes ao experimento das páginas 150 e 151.

Data	Refrigerador		Armário			
	Algodão úmido	Algodão seco	Algodão úmido	Algodão seco	Algodão úmido	Algodão seco

169

Cartas para o jogo das páginas 156 e 157.

Algas azuis
Seres microscópicos que realizam fotossíntese e servem de alimento para muitos seres, incluindo o *krill*.

Traíra
Peixe carnívoro de água doce bastante agressivo que se alimenta de outros peixes.

Curica
Ave de médio porte, muito sociável. Vive em bandos ruidosos e faz ninhos nas árvores. Alimenta-se de flores e frutos.

Lambari
Peixe de água doce de pequeno porte que se alimenta de algas.

Krill
Nome dado a um conjunto de animais invertebrados, semelhantes ao camarão, que servem de alimento a baleias e raias.

Algas
Seres aquáticos que fazem fotossíntese. Servem de alimento para muitos peixes.

Ipê-amarelo
Árvore de grande porte que produz flores amarelas.

Ser humano
Mamífero que vive em diversos ambientes. Alimenta-se de muitas espécies de animais e vegetais.

ILUSTRAÇÕES: DENIS ALONSO

171

Cartas para o jogo das páginas 156 e 157.

Gafanhoto
Inseto que se alimenta de plantas. Quando em bandos, pode ser praga de plantações.

Serpente
Réptil carnívoro que se alimenta de pequenos roedores, anfíbios, aves e até mesmo de outras serpentes.

Fungos e bactérias
Seres decompositores que se alimentam de restos de animais e plantas.

Baleia
Grande mamífero aquático. Algumas espécies se alimentam de pequenos animais invertebrados.

Coruja
Ave carnívora de hábitos noturnos que se alimenta de outras aves, roedores e insetos.

Capim
Planta rasteira que realiza fotossíntese.

Rato
Mamífero onívoro que come de tudo, inclusive frutos e insetos. Serve de alimento para corujas, gaviões, serpentes etc.

Sapo
Anfíbio que vive em ambientes úmidos e alimenta-se de insetos. Pode ser presa de serpentes, aves e mamíferos maiores.

ILUSTRAÇÕES: DENIS ALONSO

Quadro referente à atividade 4, da página 137.

	Calendário 1: _____	Calendário 2: _____
Por quem é usado		
Elementos relacionados à Astronomia		
Características		
Imagens		